熱くなれ

稲盛和夫 魂の瞬間

編著＝稲盛ライブラリー＋講談社
「稲盛和夫プロジェクト」共同チーム

KODANSHA

熱くなれ

稲盛和夫　魂の瞬間

目次

この本は、
２０２１年６月に稲盛和夫氏に講談社が書籍の企画を提案し、
その承諾を得て、制作したものである。
本書に掲載した
稲盛氏の関係者13名のインタビューは、
ブックライター・上阪 徹により
２０２２年３〜６月の間に行われた。
同年８月、稲盛和夫氏は90歳で永眠した。

第1章

仕事に喜びを見出す努力をする

まず、燃やすべきは自分の心。目の前の仕事に夢中になる。

大学卒業後に入社した、
松風《しょうふう》工業の社員寮の窓辺にたたずむ稲盛。

会社を辞めたかった新入社員時代

京セラの社内報『敬天愛人』（1999年7月発行 第181号）巻頭で、稲盛は自分の新入社員時代について綴った。

私は1955年に大学を卒業しましたが、当時は鹿児島大学という地方大学の学生にとって、なかなか就職ができないどころか、試験を受けることすら難しい状況でした。

ちょうど朝鮮戦争が終わって、日本が不況に陥っていたせいもあり、就職難を迎えていたわけです。そんななか先生にお願いして、やっと入れてもらったのが松風工業という会社でした。

それでも青年時代のことですから、希望に溢れ夢を抱き入社したのですが、入ってみると、建物は汚いし、赤字続きでボーナスはおろか給料も遅配するような会社だったのです。そのため、本来なら会社に入れてもらっただけでもありがたいと考えなければならないのに、「もうこんなボロ会社はイヤだ」と思ってしまったのです。不満タラタラで、「こんなところに埋もれていては、自分の一生はどうなるのだろう」とばかり考える毎日でした。

今でも、「毎日夜遅くまで働かされるばかりで、一体自分の将来はどうなるのだろう」と悩み、会社を辞めていく人がいると聞きます。どんな時代でも、どんな会社でも理想主義に陥ると、自分が描いた理想と現実とのギャップに悩んでしまいます。

私たち同期入社の5人も、昼休み時間など寄ると触ると、会社の悪口ばかり言い、「辞めたい、辞めたい」とこぼしていました。挙げ句の果ては、早く辞めていく人間が英雄にさえ見え、くだらない会社にいつまでも残っているのは勇気のないダメなやつとまで思えました。

そうこうしている間に、実際に一人また一人と辞めていきました。「実家の店を継ぐ」という者がいれば、「よその会社に行く」という者もいました。櫛《くし》の歯が欠けるように次々と辞めていき、残った者は自分は意気地がなくて、どこにも行くところのない落伍者であるかのような思いを抱きながら、辞めていく者を羨ましげに眺めていました。そのうえ、辞めていく者のために、給料もあまり出ないのに、送別会をしてやらなければならない。特に、最後まで残った者は何回もしなければならず、ますます貧乏くじを引くことになる。
結局最後に残ったのは、京都大学を出た九州天草《あまくさ》出身の男と私の二人だけでした。私たちも仕事をするどころか、「やはりこの会社はダメだ。辞めよう」ということばかりが頭の中を占めていました。

そんなとき、今でもはっきりと覚えていますが、悩んでいる私に向かって別の私が、「お前は辞めたいと言っているけれども、本当にそれは正しいのか」と問うてきたのです。

「ボロ会社を辞めて、新天地で素晴らしい人生を開いた人もいるだろう。しかし、職を転々として人生を台無しにした人もいるかもしれない。また一方、辞めずに粘り通し、会社の再建を果たして、ついには立派な会社の社長になったという人もいるのではないだろうか。果たして会社を辞めることが正しいのか正しくないのか、どっちなのだろうか」

このように、別の私が私を問いただすのです。
辞めるにしても残って頑張るにしても、それぞれ理由があるだろうが、正解はない。ただ不平不満を言うだけでは、人生はうまくいくはずがないということはおぼろげながらも理解できました。

しかし、悩んで悩んでそのようにも考えるのですが、若さゆえか残った二人で顔を見合わせては、やはり「辞めたい、辞めたい」とこぼしていたのです。

そのうちに京大出の彼が、「稲盛君、こうなったら自衛隊にでも行こう。今、幹部候補生を募集しているそうだ」と言い出しました。

私は、大学を卒業してすぐ自衛隊の幹部候補生になった者もいるから、今から行ったのでは彼らに対して1期下になってしまう、それでは面白くないと思ったものの、給料が遅配するようなボロ会社よりはましと、幹部候補生を目指すことにしました。

日曜日、二人で京都の桂《かつら》にある自衛隊まで行って願書をもらい、1ヵ月くらい後に伊丹《いたみ》の駐屯地で試験を受けました。二人とも合格し、秋の入隊に向けて手続きを行うことになり、私は鹿児島の実家に「戸籍抄本を送れ」と電報を打ちました。しかし、一向に送ってこないのです。結局、提出期限を過ぎても私の戸籍抄本は届かず、京大出の彼だけが入隊していきました。

「やっと自衛隊へ逃げていける」と思っていたのに、それもかなわず、私だけがボロ会社に取り残されてしまうはめになったわけです。

私は、このことで次のような手紙を通じて、兄から叱られました。

「貧乏な家を少しでも豊かにするために頑張ってくれるだろうと考え、無理して大学まで出してやったのに、会社に入ったらふた言目には会社の悪口を言って、辞めると言う。そんなことでどうする。会社に入れてもらっただけでもありがたいと思って懸命に働け」

仕事を好きになる努力をする

たった一人ボロ会社に残ることになり、私は「どうせ、もう行くところはない。こうなったらファインセラミックスの研究に没頭してやろう」と開き直ることにしました。また、「会社に対して不平不満を言うばかりでは、自分自身までも惨めにしてしまう。もう金輪際、会社に対する不平不満はこぼすまい」と誓い、イヤだと思っている会社を何とか好きになろうとしたのです。しかし、そうは言っても、なかなかすぐに好きになることはできません。それでも、少なくとも「嫌いだ」と口にすることだけはやめ、自分の意志で会社を好きになる努力を始めました。

今になって考えてみると、このことは私の人生で最も大事なことだったように思います。給料は安い、そのうえ給料日に出ない、ましてやボーナスなんてとんでもない、そういう悪い条件ばかり見ていると腹が立ってきますから、それを見ないようにして、いわば自分の世界に逃げ込むようにして、自分に与えられた研究に専念したのです。それが今度は、「仕事を好きになる」きっかけになりました。

学校を出て、好きな会社に入った。好きな職業に就いた。働いてみてさらに好きになったという人は、本当に幸せな人だと思います。ところが実際には、10人いれば9人までがそうではないはずです。他人の仕事のほうがよく見えて、自分に与えられた仕事は見栄えがしないと思えてしまう、それが普通のことでしょう。

仕事が好きになれないというこの状態をいかに早く脱するかということで、人生は決まってくるのです。

私は研究室に配属され、研究課長から「将来、弱電用の絶縁材料が必要になってくると思うので、君は高周波絶縁材料の研究開発を担当してくれ」と指示を受けていました。同期が碍子《がいし》の改良改善を担当するなかで、私一人だけが高周波絶縁材料の研究開発に携わることになったのですが、「ボロ会社に就職した」という気持ちが先に立っていますから、与えられた仕事は好きになれず、会社で過ごす時間も楽しいとはとても思えませんでした。

しかし、同期が次から次へと会社を辞め、最後に自分だけが残されることになって、

「このまま不平不満ばかりこぼしていたら、自分の一生はダメになってしまう」と覚悟を決めて、与えられた高周波絶縁材料の研究に没頭し始めると、次第に研究が面白くなっていきました。

私は大学ではもともと有機化学の専攻で、無機材料についてはあまり勉強をしていませんでした。碍子の会社に就職が決まり、無機化学の先生に急遽ついて「入来《いりき》粘土の基礎的研究」という卒論を慌てて書いて卒業したわけです。

そんな有機材料指向の男が無機材料の研究に従事することになったわけですから知識はあまりありません。そのため、アメリカのセラミック協会の論文などを図書館で探し出して辞書を引き引き読むなど、一生懸命勉強に励みました。当時はコピー機がない時代ですから、いい論文を見つけては大学ノートに書き写すなどして勉強を続けたのです。

一生懸命に勉強をすると、理解が増し、興味が出てきます。興味が出るから、仕事に対して工夫をする。さらに自己研鑽に励む。そのようにして、安月給のボロ会社の中にいながらも、夜遅くまで一生懸命に努力を重ねました。

やがて、上司の課長から期待されるようになり、また弱冠23歳でありながら、「自分の研究で、赤字会社を立て直したい」という希望まで芽生えるようになったのです。

そうなってくると、ますます仕事に打ち込むようになり、研究がさらに進む。進むから また面白くなる。面白くなるから、以前にも増して好きになるという具合に、いい方向にいい方向に物事が回転し始めました。

そうすると、寮に帰るのも面倒くさくなってきます。当時、私は寮のひと部屋をあてがわれていたのですが、その部屋は最初まるでお化け屋敷に思えるほど、荒れていました。畳表がなく、藁くずが飛び出していたので、花ござと金槌、釘を買ってきて、花ござを畳に釘で打ち止め、ようやく人が住めるようになったという具合です。

私はその部屋に七輪を置いて、朝夕の食事を自炊していましたが、先ほど言ったように、研究が面白くなり、寮に帰ることさえ面倒くさくなってきてからは、鍋釜を研究室に据えて、会社の電熱器を使って調理を始めました。さらには、寝泊まりまでして、まさに昼夜兼行で研究するようになったのです。

それほど仕事に打ち込んでいますから、研究もうまくいきます。うまくいくものだから、上司から褒められ、役員の目にも留まる。そうすると、ますます張り切って努力を重ねる。この延長で、私は今日まで一生懸命努力してきたように思います。

先ほども言いましたように、好きな仕事に就ける人はほとんどいません。好きな会社に入れる人もそうたくさんいるわけではありません。結局は入った会社、自分が与えられた仕事を、自分から好きになる努力をすることが、人生にとって大切なのだということを、今改めて強く思うのです。

今もし、「あなたは成功し、素晴らしい人生を送ってこられた。そうなった理由は何か」と問われれば、私は「会社に入った最初の1年間で、自分の会社を好きになろう、仕事を好きになろうと努力し、その2点をマスターできたことだ」と答えると思います。

会社を強くしたのは、一人ひとりの素直な心

―インタビュー―京セラ株式会社 創業メンバー 元会長 伊藤謙介

25歳で会社を救おうとしていた

高校を卒業して松風工業に入社したのは、実は大学に行くためでした。家は経済的に困っていたわけではありませんでしたが、父や母が一生懸命生活しているのを子ども心に感じていましたから、負担をかけたくなかった。

そこで、まずは拠点をつくろうと思いました。東京でも大阪でも京都でも、1年間働いて、いろんな状況を把握して、それから大学に行こうと。文学が好きでしたから、文学を学ぼうと考えていたんです。

それで何かツテはないかと探したら、京都の松風工業にあった。知り合いがいて、「来たらどうや」と言われて入りましたが、社会も知らないし、会社の「か」の字もわからなかった。そもそも大学に行こうとしていたわけですから、腰掛け程度でやる気もないわけです。

それにしても、とにかく業績の悪い会社でした。給料は月に4分割で支払われていました。まとめて払うお金がなかったからです。経営に対する不満から組合が頻繁にストを行っていました。敷地内には、赤旗がたくさん立っていた。「なんでこんな会社に入ったんや」とまず思いました。

そんな中で、たまたま配属されたのが研究所で、ここで稲盛さんに出会ったんです。5歳年上の25歳くらいでしたが、碍子の事業が厳しくなる中、

会社の幹部の期待を背負って新しい技術開発を進めていました。当時は特殊磁器と呼んでいた、ファインセラミックスです。

その材料開発にあたる稲盛さんの仕事ぶりは、とにかく一生懸命でした。熱意に溢れていました。材料実験の方法を手取り足取り、教えてもらったのを覚えています。とにかくたくさん組成実験をし、そこからいいものを選んでいく。驚いたのは、何種類もの材料を正確に混ぜないといけないことです。

しかも、今みたいに高性能の秤《はかり》なんてありませんから、分銅で量るしかない。しかし、ちゃんと量らないと再現性が下がってしまうんです。慎重に慎重にやっていく。道具もしっかり洗わないと、前の実験の成分が残っていたりして実験がうまくいかない。シビアな仕事でした。そのような精緻な作業をするからこそ、素晴らしいセラミック材料を生み出すことができるんです。

組合が労働争議をやっている中でも、稲盛さんの部署だけは懸命に働いていました。新しい事業に取り組まなければ会社は存続できないという強い危機感があった。20～30人の部下を率いて、ファインセラミックスで会社を救おうとしていたわけです。

稲盛さんが開発した製品は、松下電器（現・パナソニック）グループから「ぜひテレビのブラウン管に使いたい」と注文をもらっていました。会社が厳しい中でも、利益を出していた。なんとしても商品を納めなければ、とストを破って仕事に打ち込んでいました。

組合から仕事をするなと激しいつるし上げを受けても、稲盛さんはひるみませんでした。何より、お客さまに対して供給責任があった。組合には、会社で唯一利益を上げている自分たちの部署が仕事を止めたら会社そのものがなくなってしまう、と伝えていました。年長の組合員たちに、堂々とそう主張して仕事を続けることを認めさせていたんです。

働いてみんなを幸せにせんといかん

稲盛さんは仕事には厳しかった。とにかく、お客さまを大事にしないといけない、と常に言いました。そのためにも、真剣勝負で仕事をしなければならない、と。

そして仕事で問題が起きたときや、まわりが疲れてきたときには、「ちょっとみんな集まれ」と声がかかる。仕事場に隣接する小さな事務所へパイプ椅子を持ってきて、稲盛さんを囲むといろんな話がありました。

新たな指示だったり、仕事でどういうところに注意しないといけないか、これからやる仕事に成功したら次はこういう可能性が開けてくる、といった話ももちろんあったりするわけですが、この頃からすでに「働くとはどういうことか」といった哲学的な話もありました。

「一生懸命、働かないかんよ。働いてみんなを幸せにせんといかん」

この言葉を、とりわけよく覚えています。人生観、仕事観といった人間としての生き方の根本にまで通ずる話が、早くも出てきていたんです。後に「京セラフィロソフィ」としてまとめられる京セラの経営哲学の「お客さま第一主義」や「企業の使命（ミッション）」などの考え方は、もうこの頃にすでに稲盛さんの中に芽生えていたと私は思っています。

稲盛さんの厳しさというのは、裏を返せば、私たちへの優しさ、なわけですね。厳しくされることで私たちが仕事ができるようになれば、それはありがたいことなんです。

あとよく言われたのが、「考えながらやれ」でした。ただ牛馬みたいに働くのではなくて、考えながら動く。そうすることで、不良品の率も下がり、歩留《ぶど》まりが上がる。そうすれば、みんながラクになる。同じ努力をしても、たくさん納められ、たくさん利益が得られるわけです。

仕事は必死でやっていました。面白かったこともありますが、頑張って結果が出ると稲盛さんから「おう、ご苦労さん」と必ず褒めてもらえるんです。そうなったら、やっぱりうれしいじゃないですか。

もともと大学に入るために入った会社でした。実際、大学には2年間ほど行ったんです。仕事が終わったら、講義に向かう。ただ、行っているだけでした。あまり勉強もしなかった。仕事のほうが面白かった。

親分肌で、リーダーシップがあって、兄貴のような、親父のような稲盛さんをみんな尊敬して、一生懸命働いていたのが、あの頃でした。稲盛さんに惚れ込んで、仕事にどんどんのめり込んでいきました。

そんなとき、京セラを立ち上げるという話が出たんです。

やる気満々、闘志満々の集団だった

入社3年目でした。稲盛さんと会社の上層部との間に大きな溝が生じて、どんどん深まっていきました。いくら頑張っても、会社の状況は変わらなかった。みんなも報われませんでした。「独立して新しい会社をつくる。一緒にやるか」と誘われました。

この会社では、本当に自分が思うような仕事はできない。自分のつくった材料をもって、新しい会社でもっと世の中に貢献したい、いろんなものをつくっていきたい、と言われました。私はすぐに行くことを決めました。松風工業からは7人がついていきました。

ただ、松風工業は事業を続けています。だから、順番に辞めていくことにしました。つぶれそうだった会社は結局、最終的につぶれてしまうことになりますが、残っていた人に対しては大変申し訳ないことをしたと今でも忸怩《じくじ》たる思いがあります。

私は何番目かに辞めることになりましたが、会社はなかなか辞めさせてくれませんでした。それで、「田舎に帰ります」と嘘をつきました。そうでも言わなければ、辞めさせてもらえなかったからです。

　ようやく辞められて、京セラに合流し、しばらくしたとき、稲盛さんに大学に行っている話をしました。そうすると、こう言われました。

「もう行かんでええ。稲盛大学に入れ」

　私は「そうします」と言いました。授業料を払うお金がなかったこともありましたが、稲盛さんについていけば、大学以上のことが学べると思ったからです。大学は中退、それからは無我夢中で仕事をしました。

　後に、お客さまからこんなことを言われたことがあります。

「京セラと競合の会社を見てきたが、装置は変わらない。装置によっては、競合のほうが上だった。しかし、京セラは品質や性能も素晴らしく、利益の規模が違う。これは、どういうことなのか」

　ここにこそ、実は京セラの強さの秘密が潜んでいました。それは、みんながやる気満々、闘志満々の集団だった、ということです。そして、どうしてこうなったのかといえば、心に素直さがあったからだと私は思っています。本気で日本一、世界一の会社を目指していたんです。この素直さが大事なんですよ。松下《まつした》幸《こう》之《の》助《すけ》さんも、素直な人が伸びる、と言われていた。吸収力があるからです。

本当に会社が好きな人が貢献している

　稲盛さんも素直さを大事にしたのだと思います。だから、日本一、世界一という夢が素直に生まれた。自分で燃える心をつくることができた。そして稲盛さんの「やろやないか」に、みんなが素直に感化されていった。

　しかも、それを直接、稲盛さんから聞くわけです。工場の忘年会だって、必ず稲盛さんは出ていました。１００人いたって一人ずつ、全員にビールを注いで回って話をする。でも「ご苦労さん」と注いだら、当然お返しが来る（笑）。

　飲み過ぎて、部屋に戻ったらベッドにコテンと転んで、あとは覚えていない、なんて稲盛さんの姿を見たこともありました。

素直にコツコツやっていく、ということが最も大事なんです。京セラをつくってからも、目先が利く人というのは、辞めていきました。器用貧乏というのかな、頭が働いて、先を見ようとするから、そうなってしまう。

私たちは、先なんて見なかった。とにかく一生懸命。目の前の仕事に夢中になって、必死になった。そういう毎日が楽しかったし、そういう毎日を楽しもうとした。

カメとウサギの有名な童話がありますね。カメはゴールに向かって、コツコツと歩みを進めていった。一方で、ウサギはカメに勝つために走っていた。ゴールではなく、カメを抜かすことが目的になってしまっていたんです。

私など、典型的なカメでした。愚直に日本一に、世界一にならんといかんと思って一生懸命やっていった。でも、ウサギはカメより勝ったらいいからと思って、先は見えたと昼寝してしまうわけです。こんな会社にいて、本当にいいのかな、などと思い始めてしまう。努力する前からそんなことを考え始めたら、努力なんてできません。

だから、そういう人と一緒に仕事をする理由はないとも思っていました。会社が好きで、仕事が好きで、という相思相愛でないとやっぱりうまくはいかない。会社は嫌い、仕事は嫌いという人は、いないほうがいいんですよ。

どうしても我慢ができないなら、辞めて違う会社に行ったほうがいい。会社というのは、本当に会社が好きな人、仕事が好きな人が貢献しているんです。

1989年から10年間、京セラの社長を務めました。就任にあたり、稲盛さんからは言葉はありませんでした。私は、稲盛さんがやれ、と言われるのであれば、と素直に引き受けました。それまでも、そうやってうまくいってきたからです。

バブル崩壊による不況、さらには急激な円高で苦しみましたが、結果的には業績を上げることができました。みんなが必死になって頑張ってくれたからです。

私が社長として取り組んだのは、そんなふうにみんなが燃えて、一生懸命になれる社風をより強固にしていくことでした。そのために京セラフィロソフィを小冊子にして持ち歩けるようにし、教育制度を整えていきました。

一人ひとりの素直な心こそが、会社を強くするんです。そして人も、幸せにするんです。

（２０２２年４月）

伊藤謙介　いとう・けんすけ

１９３７年、岡山県生まれ。高校卒業後、松風工業入社。働きながら大学で学ぶが中退。入社3年目のとき、上司であった稲盛和夫に誘われ、'59年京都セラミック（現・京セラ）創業に参画。'75年取締役。常務、専務、副社長を経て、'89年社長に就任。'99年会長。２００5年相談役。現在、岡山県にゆかりのある新進気鋭の美術家を支援する活動などを行っている。著書に『心に吹く風』『リーダーの魂』（共に文源庫）、『挫けない力』（ＰＨＰ研究所）、最新刊に『美を伴侶として生きる歓び』（文源庫）。

第2章

強烈な願望を持つ

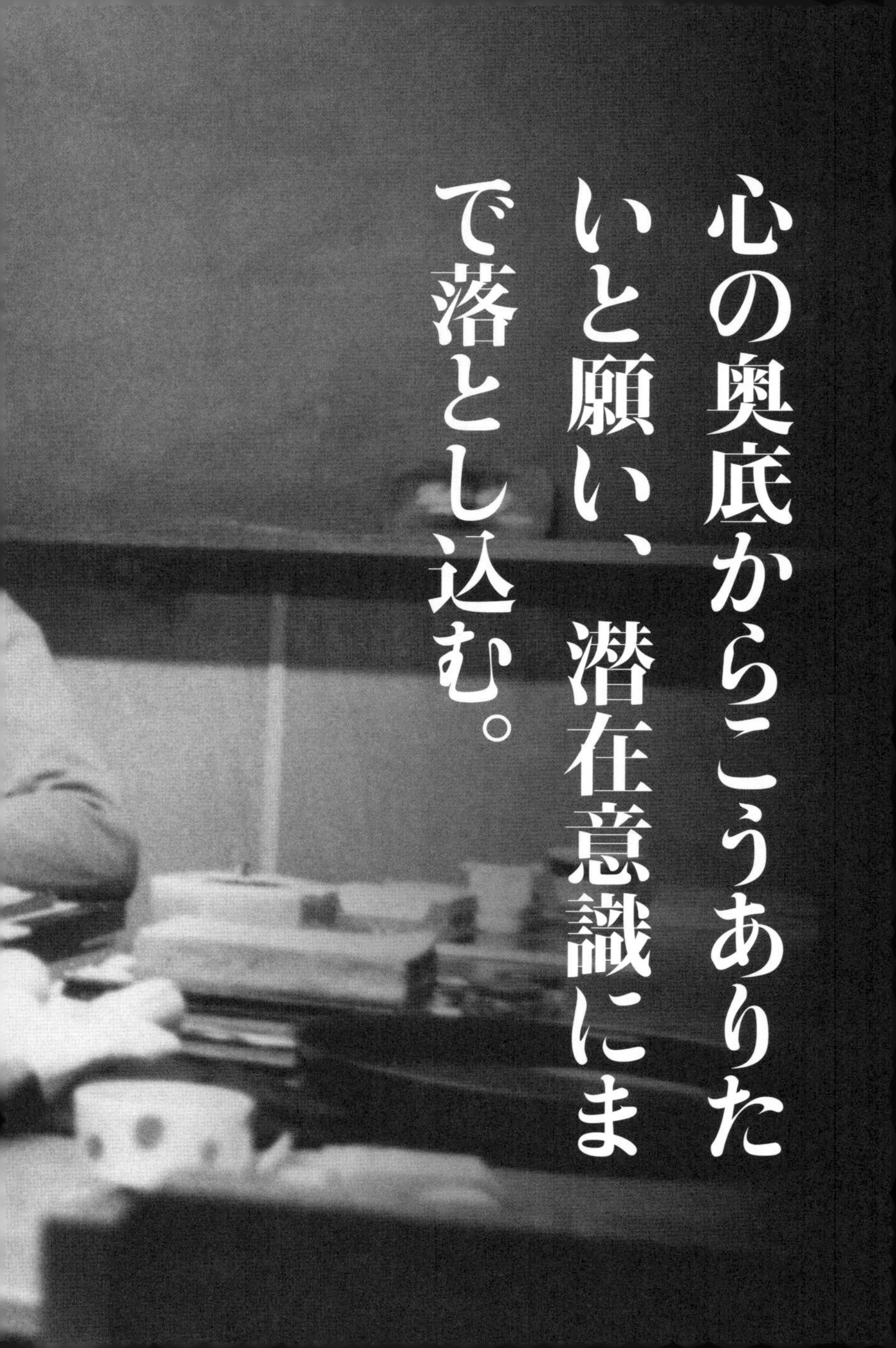

心の奥底からこうありたいと願い、潜在意識にまで落とし込む。

1959年、
京都セラミック設立の準備に明け暮れる。

潜在意識に透徹するほどの強く持続した願望を持つ

1991年4月24日、稲盛は自身が主宰する経営塾「盛和塾《せいわじゅく》」の東京塾にて、仕事における願望の持ち方を経営者たちに説いた。

自分の会社をどういう会社にしたいのか、それを私は〝願望〟という言葉で言っています。

これはどういうことかと言うと、自分の会社をこういうふうにしたいという強烈なまでの願望を心に抱く。願望という言葉は、今の経営的な言葉で言うと、「目標設定」となります。例えば、無借金経営とか、利益率いくらにするかとか、そういうものを「強烈なまでの願望にする」のです。

強烈なまでの願望というのは、ただの言葉の綾ではありません。これは、「何がなんでも！」ということです。願望という言葉自身にも「何がなんでも」という意味合いが含まれています。それが、さらに「強烈なまでの」とつきますと、それこそ「何がなんでも」です。

これにはエクスキューズがないわけです。つまり、うまくいっていたのですが、景気変動がありましたなど、実はこうこうでしたという言い訳ができない。業界が不況であろうと、日本が不況であろうと、為替変動があろうと、金利が上がろうと、何がどうだろうと、「どうしてもこうありたい」と。ただ、こうなったらいいのにということでしたら、そう思ったのだけれども、実は為替変動があって金利が上がったために、いや、業界が悪くてとなるのですが、「強烈なまでの願望を心に抱く」ということは、そういう言い訳ができないのです。

これは「目標設定」なのです。ですから、目標設定をまずして、それを心に抱きましょう。そして、それは「潜在意識に透徹するほどの強く持続した願望」ですから、持続して、その願望を抱かなければならないわけです。

それについて、私はこういうことをしました。来る日も来る日も、考え続けました。こうしたい、ああしたいと。しかし実際には、日常仕事をしていますから、のべつまくなしにそればかり考えていることはできませんので、例えば、朝起きて洗面をしているときに、こうしたい、ああしたいと思い、または夜寝る前に、こうしたい、ああしたいと連続して考えるということをしたのです。

例えば、俺は無借金経営をやろう、経常利益20%をやろう、いや30%をやろうと思ったとしましょうか。同時に、それを達成するために、具体的にどういう行動指針が要るのか、どうすればいいかという問題がついてくるわけですね。願望を抱いて考え出した瞬間から、それを達成するための具体的な手段も一緒に考えるわけです。一緒に考えて、毎日それを思う。念仏みたいに、無借金経営なら「無借金経営」と、ただ言うだけではなく、それを達成するための具体的な手段までも考える。頭の中で、繰り返し繰り返しシミュレーションをするという形を取ります。こうしよう、ああしよう、こうしたら、こうなる、こうなったら、こうなる——ということをやってみると、どうもうまくいかないというので、ご破算にしてまた考えていく。そのシミュレーションの連続です。

これをずっと続けていきますと、おぼろげながら、そのことが見えてきます。見えてくるというのは、あたかも願望を達成したかのような錯覚みたいなことが起こってきます。

もっと言いますと、「成功した」と思い込んでしまうような感じになってきます。そこまで思いが至ったときに、初めて実際に仕事を始めるのです。いま言っていることはたいへん難しいことでして、並の人ではできないかもしれません。それは毎日考える。極端に言えば、のべつまくなしに考えることですので、まず、できませんね。

私みたいに頭の悪いやつは、ガキの頃、成績があまりよくない。成績のよい友達を見ると、そいつはよく勉強をする。すると、勉強があまりできないワルだけが集まって、「なんや、あいつぐらい勉強すれば、できるのは当たり前や。成績がいいのは当たり前や。俺らみたいに、毎日遊んでこの程度であったら、俺らが朝晩彼ぐらい勉強すれば、もっと成績がいいはずや」と。私はそれを信じて疑わず、そういうことを言っていたのです。しかしまだ高校の途中でしたが、ハッと気がつきまして。俺は、やればできると思っている。「遊んでいて真ん中ぐらいなんだから、あのくらいガリ勉であったら一番になれるはずや。俺がガリ勉で、あいつと同じぐらいやったら、一番どころかもっと突き抜けてしまうだろう」と、そう言っていたのです。

ところが、やれないことが実力なのですね。やれる人間というのは、子どもの頃ですから、遊ぶ誘惑もあるのですが、それに打ち克って頑張っている。そのことが、実はもう偉いのです。「俺らがあいつと同じぐらいやれば」と言っていても、それをやれないことができないことなんだということに気がついたのです。だから、「こういうことを強烈なまでに強く思い続けなさい」と言うのは簡単なんですが、それを実行することは、実は至難の業なのです。

潜在意識を働かせるということ

「強烈なまでの願望を心に抱く」と言いましたが、一番の問題は、そんな願望を抱いても、それは無茶で実現不可能だと思って、その願望を自分で止めてしまうという人が非常に多いことです。願望を抱く場合、まず前提として、自分の無限の可能性を、人間にはどんな人でも無限の可能性があるということを信じていなければいけません。そうでないと、非常に歪《いびつ》なものになります。どの人にでも、神は無限の可能性、能力を与えているのだということを、まず信じなければなりません。そんなバカなと思ったのでは、もう歪になってしまいます。

なぜ、「何がなんでも!」「どうしてもこうありたい」ということを心に抱き、それを持続させ、潜在意識に透徹するまでに持っていかなければならないのか。潜在意識というのは、目覚めている、我々が日常使っている顕在意識と比べると、容量がたいへん多いと言われています。

意識を大きく司っているのは大脳ですが、我々は日常、脳細胞全体の何分の1かしか使っていない。膨大にある脳細胞の中で、我々が日常使っているのはたいへん少ない数で、後は無駄にしていると言われています。つまり、無駄になっていそうな部分が潜在意識だろうと思います。

これは私の解釈なのですが、潜在意識は、我々が人生で「オギャー」と生まれてから死ぬまでに経験したことを全部記憶できるほどの容量を持っています。目覚めた意識の中で覚えているのでなくて、潜在意識の中で覚えています。ですから、死の恐怖に遭遇したとき、走馬灯のように、瞬間に過去が蘇るといいます。全く覚えてもいなかったような、とっくに忘れていたような細かなことまで走馬灯のように思い出すといいますが、これは、そういう衝撃的な体験をしたときに、潜在意識と顕在意識とがコネクションされて、顕在意識に戻ってくるからだと言われています。ですから、我々が五感で経験したものは全部潜在意識に入っていますが、それが目覚めている意識、顕在意識に戻ってくるのは、生命の危険に瀕するなど衝撃的な体験をしたときなのですね。普通は使えないわけです。

では、全く使えないのかといいますと、我々は実際には使っています。

衝撃的な、強い刺激を受けた経験というのは、潜在意識に入ると同時に、それはしょっちゅう顕在意識にも出てきます。同様に、繰り返し繰り返し叩き込んだ意識というものも、潜在意識に入って、顕在意識に出てこられます。その最も簡単な実例として、私はいつも車の運転を例に挙げるのです。

車の運転をされている方はご記憶だろうと思いますが、教習所に行っていろいろ教えてもらう。ところが、最初は頭で運転をしますから、やれ「クラッチを踏め、ブレーキを踏め」、やれ「ギアチェンジをしなさい」と言われると、もう手と足がチグハグになります。俺は相当頭がいいはずだと思っていても、頭で考えたことと手足がうまくいかない。そのために教官に怒られて、何という情けない自分かと思って腹が立ったことがあると思います。そして、非常に疲れます。特に免許取り立てのときに、家族を乗せて遠出でもした日には、もう緊張に次ぐ緊張で、緊張だけではなくて、手足を使っていますからくたくたになってしまって、遊びどころではありませんね。やっと家族を目的地まで連れていって、あと帰れるだろうかと思うような疲れ方をしますが、慣れてきますと全然疲れません。疲れないというのは、潜在意識で運転をしているからです。

その証拠に、たまに他のことを考えて、運転していることを意識していないときがありますね。ハッと気がついて、せめて前だけはちゃんと見なければいかんと。そして前を見ますけれども、考えているのは、昨日の仕事のことです。それでも自由自在に手足が動く。それはいちいち顕在意識から命令をして手足を動かしているのではありません。潜在意識でもって、勝手に手足が動いているはずです。

例えば、製造会社で新人を入社させて、オリエンテーションが進んで現場につけ、仕事をしてもらう。そうしているうちに、辞める人はだいたい3ヵ月以内に辞めるわけです。今まで学生で遊んでいたせいもありますが、仕事に就いてみたら、若いにもかかわらず、肩が凝るだの何だのと言う。肩が凝るような大仕事をしているかというと、そうではない。机の前に座って、ペンチを回すとか、ドライバーを回すぐらいの仕事しかやっていないのに、えらい疲れようです。

それが3ヵ月を過ぎると辞めなくなるのはなぜかといいますと、3ヵ月間は目覚めた顕在意識で、上司に言われたマニュアル通りに、こうやって、ああやってと、いちいち手足に命令をしてやっていますからたいへん疲れるのですが、慣れてくると潜在意識でやっているわけです。もう鼻歌まじりで、よそ見をしてでもできるようになります。これは潜在意識の働きです。疲れないでやれますから、その消耗は何分の1に減ってしまいます。

つまり、衝撃的な経験か、もしくは連続して打ち込んだものしか、潜在意識と顕在意識の行き来ができません。いまの例は、後者の繰り返し繰り返しの反復作用によって、潜在意識と顕在意識を行き来するということです。

カラーで見えてくるまで考え続ける

「強烈なまでの願望を心に抱く」のですが、その願望を、もっとクリアなビジョンとして目標設定し、それを達成するための具体的な手法まで考えて、繰り返し繰り返しシミュレーションをやっていきます。3ヵ月ぐらい毎日考え続けていると、あたかももうでき上がったみたいな感じになってきます。これは幻想かもしれません。トリッキーかもしれませんが、できたみたいな気がしてきます。私は、それを「見える」と表現しています。

事業部長でも課長でも、こういうものをやりたいと言った場合、どこまで見えているのか。私は「見えてくる」のは、「カラーで天然色で、見えてこなければいかん」と、こう言うのです。つまり、極端にいうと夢遊病者みたいに、夢か現実かわかっていない。現実なのか幻なのかわからん。現実と夢の中を行き来して、そういう状態にまでなるということが要るのです。

そうしますと、面白い現象が起こってきます。実際には、毎日今やっている仕事があるわけですから、一日中そのことばかり考えているわけにはいきません。部下は部下で毎日決裁をもらいに来ますし、あれをせんならん、これをせんならんとやっているわけです。ところが、潜在意識に透徹するまで考え込んだものですと、全く意図していないのに、それと関連した事象に遭遇すると、他のことをやっていてもポッとそれが思い出されます。

例えば、こういう事業をしたい、こういう人物がいたらいいのになと考えていても、うちにはそれの専門家がいない。あれがおらん、何とかスカウトでもしたいなと思っているとしましょうか。または、お金が足りない、資金が足りないとか、事業をやっていく上ではいろいろな課題、いわば隘路《あいろ》があります。その克服を考え続けていて潜在意識に入っていますと、例えば他の用件で海外出張するときに、ちょっと飛行場で、友人の紹介で会った人と喋っているうちに、ハッと気がついて、「この人だったら、俺のあの仕事に向くのではないか」ということが閃《ひらめ》いてきます。飛行場で友人と会ってバカ話をしていて、目覚めた意識は完全に別の方向を向いているのに、その人物に会った瞬間に潜在意識がポッと擡《もた》げてくる。それで、後で「あなたにあのときお目にかかって、こういうご専門の方だと聞いたのだけれども、うちに来て一緒に仕事をしませんか」というような手紙を書いて、その人がうちに来るということがあります。

願望が潜在意識まで入っていませんと、そういうチャンスは全部逃してしまいます。

それがチャンスに見えるか見えないかということは、どのくらい根を詰めて物事を考えていたかどうかで決まると思うのです。私は、それを、根を詰めていたからそうなったのだというよりも、潜在意識が働いたというふうに理解をしたほうがいいのではないかと思います。

―インタビュー― 京セラ株式会社 創業メンバー 元専務 浜本昭市

正しい願望だったからこそ、うまくいった

技術のことがわからない技術部長

松風工業で稲盛さんが率いていた特磁課は、最も多いときで30人ほどのメンバーがいました。稲盛さんは松下電器グループに納めるU字ケルシマ（テレビのブラウン管の絶縁部品）の開発に成功して増産を推し進め、他の抵抗器の注文を取ってきたり、設備がなければよそで借りてきたりと奮闘していました。

碍子の部門がダメで会社は赤字でしたが、特磁課でなんとか松風工業を立て直そう、再建するんやという気持ちで仕事に向かっていました。

今から考えたら、そんなことはとてもできないんですが、毎日毎日、特磁課を伸ばさなあかん、会社を救うんやという迫力と気構えは、当時から稲盛さんは大いに持っておったと思います。そして、みんなも同じように頑張った。

これは笑い話ですが、京セラの最初の工場は2階に事務所があり、階段のところから、私は初めて大文字焼き、五山の送り火を見たんです。京都に来て5年も経って、「うわぁ、これなんじゃろなぁ」と。松風工業時代は、大文字焼きも知らなかった。そのくらい、みんな頑張っていました。

ところが1957年になって、松風工業は幹部が替わって、新しい社長になったんです。この社長がとんでもない人を連れてきてしまった。技術のことなど、まったくわからない技術部長です。技術

碍子の製造についていろんな改良案を出したけれど、おかしな案でまったくうまくいかない。それでも社長が連れてきた人ですから、誰も何も言えなかった。そして、とうとう特磁課についてもらうことになってしまった。それで特磁課でも妙なことを言い出して、稲盛さんと衝突が始まってしまうんです。

稲盛さんは、会社を立て直そうと必死で注文を取りに行っていました。あるとき、日立からフォルステライト（絶縁セラミックス）の真空管に使うチューブの注文をもらって、これはU字ケルシマと並んで大きな事業の柱になるかもしれない、となりました。

外径が1・5センチ、長さ2センチ、肉厚が0・5センチのパイプだったんですが、寸法精度がプラスマイナス0・05ミリという難しさでした。プレスでバインダー（成型助剤）を変えたりして、いろんなことをやるんですが、なかなかうまくいかない。

それでも稲盛さんはじめ、全力を挙げてやろうとしたんですが、今から考えてみれば、そもそもあの設備では到底無理だったんです。いくら転がしてもできなかったんですから。

すると、新しく特磁課を見ることになった技術部長が稲盛さんに言ったんです。「これはお前ではダメや、他の人間にやらせる」と。

それまで、特磁課の開発をすべて担ってきたのが、稲盛さんでした。研究をしながら、製造も見る。それこそ朝から晩までですよ。何か起きたら、すぐに稲盛さんをみんなが呼びに行く。稲盛さんはすぐに飛んでくる。そんなふうに、なんとかして会社を立て直そうと必死でやっていたのが、稲盛さんでした。新しい技術部長は、それをまったくわかっていなかった。

このときに、稲盛さんは辞める決心をしました。もう無理だと思われたんでしょう。結果的に、松風工業は碍子でもうまくいかないのに、当然そんな難しいセラミック真空管など、できるはずがない。何もできずに、ますます厳しい状況に置かれていくことになるわけです。

8人の創業メンバーで血判状

稲盛さんが辞めるという話は、私は当初は聞いていませんでした。ただ、夏頃に、なんだか前よりも元気がないな、ちょっと違うな、という感じはしていました。それから、辞めるという噂が流れてきて。

社長は「辞めないでほしい」とずいぶん説得をしていたけれど、稲盛さんは聞かなかったと耳にしました。そして、特磁課を以前見ていた元上司たちが、稲盛さんの新会社の設立を応援していたんです。

その後、私たちにも話がありました。稲盛さんは松風工業の寮の一室に、後に創業メンバーとなる7人を集められて、これから新しいセラミックスの会社をつくろうと考えている、と言われて。みんなが賛成してくれるかどうかはわからないけれど、提案をしたい、と。

7人はみんなすぐに「新しい会社をぜひ、やりましょう」と言いました。それまでの特磁課での稲盛さんの働きぶりと実績を、目の前で見てきているわけです。なんのためらいもなかった。

もちろん将来の保証があったわけではありませんけど、稲盛さんがやるんだったら一緒にやりたい、とすぐに思いました。不安なんてなかった。みんな稲盛さんに惹かれていましたから、それはもう応援しよう、と。逆に、声をかけてもらって感謝したいくらいでした。

稲盛さんからは、相当な覚悟が感じられました。迫力がありました。会社を成功させて、世のため人のために頑張ろう。みんなが幸せになれる会社をつくろう。そんな話をしていると、みんなだんだん興奮してくるわけです。それこそ、20代で若い。

それでどんどん盛り上がって、今日の感激を忘れんよう誓いの血判をしよう、ということになって。稲盛さんを含め8人が一人ずつ名前を書いて、指を切って血判を押していく。ワクワクしました。もし会社がうまくいかなかったら、日雇いの仕事でもなんでもして続けさせたい、とまで私は言いました。みんなで頑張っていこう、と。

京都セラミックという会社は、このときに生まれたんだと思っています。みんなの気持ちが一つになって。

それから稲盛さんと7人は順番に松風工業を辞めていくんですが、実際に新会社ができるまでの間は、月曜から土曜までは松風工業で仕事をして、日曜日は新しい会社の準備に行っていました。朝から晩まで、設備をどうするか、などいろんな議論をしていったんです。

私が印象深いのは、制服へのこだわりでした。創立記念の写真でみんな同じ制服を着て帽子を被っているんですが、制服と帽子だけはみんなで絶対に揃えよう、と。

松風工業では、作業者はバラバラの服を着ていたんですね。それでは絶対にダメだ、と。心が一つにならない。みんなの心を一つにするためにも、絶対に制服はつくる、と稲盛さんがこだわったんです。

どうして会社を大きくしないといけないか

1959年4月に会社ができるまでに、中学卒の社員を16人採用しました。幹部社員と合わせ、計28人でスタートしたわけですが、中学卒の社員の多くは、夜は夜間高校に行きます。つまり、残業はできないんです。そこは、我々でやるしかなかった。

しかも、セラミックスの焼成は24時間がかりです。誰かが夜中も見てないといけない。今も覚えていますが、社員食堂の横に仮眠を取るスペースをつくり、夜9時から二交代制でやっていました。

松風工業のときにも人員は足りませんでしたが、京セラのスタートはそれ以上でした。だから、松風工業のとき以上の激務でした。4〜5時間仮眠して、翌日もまた夜中まで仕事をすることもあった。

とにかく会社を大きくしたい、という気持ちだけは強くありましたね。それを稲盛さんは何度も何度も言っていた。会社を大きくせなあかん、一番にならなあかん、と。そうなれば、手が打てるんや、と。

ロケットでもなんでも、高く打ち上げるだろう。高く打ち上げるからこそ、落ちてくるまでに何かの手が打てる。だから、高くしないといけない。会社は、大きくしないといけない。

京セラフィロソフィに「土俵の真ん中で相撲をとれ」がありますが、土俵の真ん中にいれば、土俵際に追い込まれるまで時間があるわけです。対策を打って、なんとか止められる。そのために、仕事は大きくしとかなあかんねん、と。

そういうことをしょっちゅう、機会があるごとに聞かされていました。だから、この仕事は絶対に失敗したらあかん、もっと注文は増やさなあかん、という気持ちがみんな一人ひとりに伝わっていた。

そして、長時間働こうが何しようが、全然苦になりませんでした。どうして会社が大きくならないといけないのかがわかっていたので、そのために頑張ることができた。

あとは、頭の中でカラー映像になるまで思い、考えることですね。ソニーからアルミナディスクの注文を稲盛さんがもらってきたことがありました。直径7ミリ、厚さ0・6ミリ。小さな穴が4つ開いていて。当時の京セラが受注してくるものは、とにかく難しいものばかりでした。

ところが、これはこう成形して、こう乾燥して、こう切って、焼成温度は1600度で、と綿々と聞かされるわけです。稲盛さんは、私たちの顔色を見ていて、納得するまで説明をし続ける。

その製品ができるまでの姿が、稲盛さんには見えていたんだと思います。実際、カラー映像で見えるくらいにまでならないといけない、白黒ではダメだ、と言われました。

本当にカラー映像で見えるまで考えろ、と何十回も、何百回も言われましたから。そうやって、どんどん新しい製品を増やしていったんです。

そのたびごとに、製品ができる工程がカラーで見えるまで考えるよう指示されました。思い続け、考え続けないといけない、と。新しい製品は、そうやって、次々に成功していきました。

働いていてしんどいなぁ、などということはまったくありませんでした。逆に、難しい開発に成功したときの喜びのほうが、はるかに大きかった。

出会いが、いかに大きかったか

強烈な願望は、正しい願望だったからこそ、うまくいったのだと私は思っています。

京セラの経営理念「全従業員の物心両面の幸福を追求すると同時に、人類、社会の進歩発展に貢献すること」は、実は松風工業の時代から、稲盛さんが追い続けてきたことでした。

せっかく出会った人が不幸せになるから会社はつぶしてはいけない。だから、そのために新しい製品を開発して会社を大きくする。新しい開発が成功すれば、セラミック技術の発展につながる。それは、社会を豊かにする。

そのために新しいチャレンジをする。もし、それが失敗でもしたら、あれおかしいぞ、と思うわけですが、すべて成功していくわけです。そうすると、みんなも信じるようになっていく。

どうすればうまくいくのか、稲盛さんの中では見えていた。それは、正しい願望だったからです。だから、みんなに伝播していったのだと思います。

私は鳥取の田舎に生まれましてね。今のＪＲ、昔の国鉄に内定をもらっていたんです。ただし、工業高校を卒業する年の3月末までに欠員が出ることが条件でした。欠員が出なければ、内定は取り消し。そういう時代でした。

それで国鉄には入れず、家で半分、農業を手伝ったり、それからニコヨンと呼ばれる日雇いの仕事にも行って過ごしていました。そんなときに、京都に住む叔母から松風工業が人員を募集していると連絡をもらい、京都へ来て面接をして、採用されたんです。

当時の採用条件は、8時から4時45分までの実働8時間。月給は5000円ほど。でも、ニコヨンだと明け方から晩遅くまで1日働いて240円でした。だから、採用してもらえたとき、いい会社に入れたと思いました。

もっとも、給料は遅配ばかりで、ある年はボーナスが大晦日になったりしましたけれども。松風工業に採用され、忙しくて人手が足りなかった特磁課に配属されたおかげで、稲盛さんに出会うことができた。本当に、たまたま、でした。

この出会いが、いかに大きかったか。もし稲盛さんに出会わなかったら、私の人生はまるで違ったものになったでしょう。稲盛さんに出会ったことが、人生を大きく変えていったんです。私にとっては、人生の師、そのものです。

（2022年4月）

浜本昭市 はまもと・しょういち

1936年、鳥取県生まれ。高校卒業後、松風工業入社。当時、稲盛和夫が率いていた特磁課に配属される。'59年、稲盛に誘われ京都セラミック（現・京セラ）創業に参画した。主に製造畑を歩み、商品事業本部長を経て、後にホテル事業を担当。'85年から'93年まで専務を務めた。

第3章

情熱で戦う

初期のアメリカ出張出発時、飛行機のタラップにて。右から2番目が稲盛。

これと決めたら、成功するまであきらめない。

必死な思いが海外展開を実現

大阪府経営合理化協会の特別講演（1973年1月11日）のテーマは「飛躍への発想と実践」。稲盛は初期の海外出張での苦労と成果を語った。

会社を始めて、弱電業界に私どもの製品を買っていただくことになった3年目のことです。日本の電子工業界は将来伸びると言われていたので、これにぶら下がっていれば安心だと感じたのですが、どうしても日本経済は波がありますから、その影響をなんとかして食い止めたいと思っていました。一国の経済に左右されても、我々にはそれを補償してくれるものは何もありませんから、ビジネスを多国間にまたがらせることによって、企業を発展させていきたいと考えていました。そのため、「特に米国に輸出をしたい。米国は電子工業界で一番進んでいる国なので、そこで我々の製品が採用されれば、我々の製品はいっそう磨きがかかり、日本国内やヨーロッパにもよりいっそう売れるだろう」と考えたのです。

しかし、私は英語が話せませんし、貿易をしたこともありませんでした。それでも、会社ができて4年目に、米国へ行く機会ができました。風呂敷にセラミック製品を包み、アメリカ大陸を横断してニューヨークまで行きました。しかし、まったく売れませんでした。それもそのはずです。我々が売ろうとしたのは、アメリカの大企業にとっては製品のベースになる重要な材料です。もしそれに欠陥があれば、コンピュータにしても新規開発品にしても、全部に問題が発生し、たいへんなことになる可能性があります。ですから、簡単には信用してもらえないのです。

製品は売れず、言葉は通じず、非常に寂しくなり、ニューヨークに行ったときには涙がぽろぽろ出てきて、「何でこんなことになるのだろう」と思いました。しかし、社員が非常にはりきって私を送り出してくれたことを思い出し、「どうにかしないといけない。頑張らなければならない」と思い直しました。

翌年、現在米国で関連会社の社長をやっている社員にうちへ入ってもらい、貿易部長になってもらいました。その人は京都大学の経済学部を出ており、カナダ生まれの日系2世で英語が非常に堪能でした。貿易もたいへん詳しく、その人が入ってくれて非常によかったと思い、配置された早々に「明日からアメリカに行こう。どうしてもアメリカに行かないといけない」と言ったわけです。

そうすると、その社員は「それは非常に無謀です。貿易というのは、事前のマーケティングの問題から、貿易の手続き、税関申請用のカタログの整備など、いろいろな問題がつきまとうものです。もちろん、貿易の情報も必要です。それを簡単に売ろうと言っても、無茶ですよ」と言いました。事前にいろいろな情報がわかっていなければだめだ、と主張するのです。それに対して、私は「いや、何がなんでも売っていくのだ」と言い張りました。

そして、「日本では至る所を売って歩いた。その結果、注文をもらうことができた。アメリカでは言葉の違いがあるし、歴史や生活習慣、ものの考え方も違うかもしれないが、少しは売れるはずだ」と言って、売りに行ったのです。しかし、ものの見事に失敗しました。モトローラやRCAなど大手の電子メーカーを1ヵ月ほど回ったのですが、門前払いでまったく売れませんでした。

3度目の挑戦で初めて受けた注文

それでも懲りずに、いったん日本に帰ってからもう一回行きました。そのときもなかなか売れず、いよいよだめだと思いながらニューヨークに着きました。当時、会社はまだ小さな規模でしたから、当然お金もなく、二人で中華レストランに入っては焼きそばや焼き飯といった安い料理を注文し、それを分けて食べていました。なかなか高いものは食べられず、ハンバーガーなどもよく食べたものです。

ニューヨークでもやはり売れず、いつの間にか帰国する日が翌日に迫っていました。ニューヨークの街に非常に庶民的なビフテキ屋で、骨のついた肉を火で焼いたものを食べさせるお店がありました。当時は1ドル18セントで、非常に安く食べることができました。窓から大きな肉が焼けているのを見て、値段も安いので、「せめてご馳走を食べてから帰ろう」と、二人で中に入っていきました。

海外出張にはたいへんなお金がかかり、なるべく旅行中も二人で節約をしながら会社のお金を使わないようにやってきましたが、売れなかった思いから寂しく食べていました。すると、一緒にいた貿易部長の知り合いである商社の方に、偶然お店で会ったわけです。その方は、ある小さいメーカーの社長さんとご一緒でした。我々は意気消沈していましたが、そのメーカーは1億円の注文をもらえたというので、非常に喜んでそのビフテキ屋に来ていました。その人たちから「そちらは何をつくっているのですか」と聞かれたので、「セラミックスをつくっています。セラミックスというのは、焼き物のようなものです」と説明しました。すると、「陶器は売れないでしょう」と言われるので、「いや、陶器とは違います。電子工業に使われる特殊な金属の酸化物を焼き固めたものです」と一生懸命お話ししました。

そのうちに、うちの製品を見せてほしいと言われたので、そのビフテキ屋を出て、私たちが泊まっていたホテルに行きました。日本人がよく泊まっていた、一番安いホテルでした。風呂敷を鞄の中から取り出して開け、製品を紹介していきました。ブラウン管の中に使われている電子銃、エレクトロン、テレビのチューナー、ボリュームのところも、全部うちの部品でした。また、当時のコンピュータにも使われるほど非常に精度の高いセラミック部品を見てもらいました。すると、そのメーカーの方がびっくりされ、「これほど高いレベルの技術でものをつくって、売れないはずがない。うちの製品などはたいした技術を使っていないが、それでも1億円の注文があった。これが売れないというのはおかしい」と言われました。その方はいろいろ考えられた後、「うちの新しい製品も、こんなものがあれば使えるのですが。おたくにはこのような形のものがつくれますか」と聞いてきました。つくれそうでしたので、「できますよ」と答え、「それでは注文しましょう」という話になり、結局、3回目にして、日本のメーカーからではありますが、初めてニューヨークで注文をもらうことができたのです。

本格的な海外進出が始まる

その後も渡米を続けました。4回目は、電子工業界でもトップのテキサス・インスツルメンツ（TI）にも行きました。TIはテキサス州のダラスという非常に保守的なところにあり、日本の部品などほとんど使わない会社でした。そのようなところへ行って一生懸命説明をした結果、試験をしようということになりました。当時、NASAがアポロ計画を立てており、非常に優れた性能の抵抗体が必要だったので、それをつくるために電子工業メーカーに新しい規格の抵抗体を発注していました。それをTIがつくることになったのですが、材料のベースになるのはセラミックスであり、それをドイツと日本とアメリカのメーカーに依頼して、決めてみようと考えていたのです。

そして、試験の結果、素晴らしい性能だと評価され、正式に注文を受けたのです。それが米国進出のきっかけになりました。またそのとき、ダラスからロサンゼルスに帰ってくる途中で、「京都にある京都セラミックという会社の製品は素晴らしく、TIも採用を決めたらしい」という話が、日本のある大手商社の耳に入り、その商社の方が空港で待ち受けておられました。そして「私はこういうものです」と自己紹介された後、お店でご馳走をしてくださり、代理店をさせてほしいと言ってこられたのです。今まで苦労を重ねてきたので、大商社の方が自分たちの製品を売りはしないだろうと思っていたのですが、そのように申し出てくださったのです。その後、「それでは、代理店ではなく、一緒に売ってまいりましょう」という話になり、海外での展開が始まったのです。

私は英語が話せず、貿易の経験もありませんでした。それでも、「このままでは、一国の景気変動によって会社はたいへんなことになる」と思い、なんとかして2国間にまたがったビジネスをしていきたいと、真剣に考えてきました。自分の力は及ばなくても、心で強く思っていると、その方向に向かって行動していくことになります。例えば、英語を話せるわけではないのに高い飛行機代を払ってでも渡米したり、お金がなければ中華料理屋で安い料理を食べて頑張ったりする、ということができるわけです。ありあわせで努力することは可能ですから、その当時の自分たちにできることからやっていったわけです。そうしているうちに、先ほどお話しした貿易部長が入社してきて、非常に英語が堪能であったことから、今度は彼と一緒にできることをやっていきました。一緒にコツコツと努力していくうちに、現在では月に180万ドル、

6億円の売り上げになっています。中小企業の一メーカーで、月間180万ドルの商いをする企業はそうありません。

そこまで成長していったのは、やはり「会社を安定させて、従業員を幸せにしたい」という一念があったからだと思っています。いまだに飛行機に乗るのが嫌なのですが、それでも何かありますと、今でも「アメリカへ行かなければならない」という言葉が出てきます。苦労をしているときに、「アメリカに行ってうちの製品をアメリカの大企業に買ってもらい、企業の安定を図りたい。それが自分たちの技術レベルを高めることにもなっていく」ということを、執念深く思ってきたからだと思います。条件反射のように年中自分の口から出るものですから、そのたびによく苦笑していま す。思いが条件反射になるほど潜在意識の中に凝り固まり、それが口をついて出てしまう。潜在意識になることで、執念や忍耐力というものが生まれ、飛躍をもたらしていくと思います。

狩猟民族に学ぶ

2005年9月発行の京セラ社内テキスト『京セラ 経営12カ条』で稲盛が社員たちに促したのは、強い意志を持ち、思い込みを捨て成功を信じること。

私を勇気づけた、アフリカやオーストラリアに住んでいる狩猟民族の話があります。彼らは狩りをするとき、吹き矢1本、槍1本を持って、腰に簡単な食料を下げて獲物を追いかけます。獲物の足跡を見つけて、その獲物がどこかで休息をとるまで後を追いかけて、ねぐらを襲ってしとめるのです。

一家を背負う男が、獲物を捕って帰らなければ、家族が飢えてしまいます。しかし、そう簡単に獲物が捕れるわけではありませんので、獲物が通った足跡を来る日も来る日も追いかけていきます。食料は最初に村を出るときに持ったタロイモを練ったようなものと竹筒に入れた水、それだけで3日も4日も獲物を追って行かなければなりません。首尾よく獲物をしとめても、村からは遠く離れているわけですから、獲物をかついでへとへとになって、やっと家までたどりつきます。岩をも穿《うが》つ強い意志がなければ、狩猟民族の男というのは、家族すら養えなかったのです。

我々の先祖は、そういう厳しい生存競争の中を生き抜いてきたので、自然と岩をも穿つような強い意志力を持っていたはずです。ところが、我々は豊かな時代に育っており、それほど強い意志を持たなくても生きていけるので、意志力が弱まっているのではないかと思うのです。

家族を養うために、狩猟民族が獲物を捕らえるまではどんなに風雨が強くとも、何日も何日も追い続け、決してあきらめないように、経営も一度立てた目標の達成に向かって、粘って粘って最後まであきらめないという強い意志が必要です。

ところが、そういう厳しいことを言うと、経営者の中には、粉飾決算をするなどして、「経営がうまくいきました」という人も出てきます。経営がうまくいかなくなると、在庫を水増ししたり、苦しまぎれに数字をごまかそうとしたりする人がいるのです。これは倫理観の弱い人が逃げ場を失って、そんなことをするのです。これもある意味では、意志のあらわれなのですが、リーダーはあくまで公明正大にルールを守りながら、強い意志を発揮しなくてはならないのです。経営がうまくいかないのも意志、うまくいくのも意志、その人が持つ意志の強さによって、経営者のレベルが決まるわけです。

この強い意志というのは、狩猟民族が獲物を追いかけていくときのように、計画を実行する段階に必要なものです。目標を設定するときは、自分でこうありたいという願望を入れなくてはいけませんが、それは客観的なデータを集めて、冷静に考慮した上で立てたものでなければなりません。経営は強い意志で決まるからと言って、嵐の中、小さなボートで大海にこぎ出すような無謀なことをしてはいけないのです。

目標を決めるときには、客観的なデータを集め、それに自分の願望を入れて決める。その実行段階では、少しぐらいの困難に遭遇しても、たとえ壁にぶち当たろうとも、その壁に穴を開けてでも進んでいくという強い意志が要ります。しかし、目標設定の段階で客観的な状況を無視して、「何がなんでもこうする」という無謀な計画を立ててはならないのです。「強い意志」と言っても、ここのところを間違えてはなりません。

一方、目標を低く設定しすぎたために、その低い目標にとらわれ、その数字が達成できそうになると、急に仕事のスピードが落ちる人がいます。立てる目標が低いと、特に強い意志を出さなくても、その目標を達成することができるので、その目標に近づくと安心してしまうのです。それでは目標を立てる意味がありません。

こうありたいという高い目標を掲げ、その目標達成に向けて、強い意志を発揮するのです。そうでなければ、リーダーとして自分の事業を伸ばしていくことなどできないのです。

困難を克服できないという、自らの思い込み

困難に遭遇したとき、「もうダメだ」と自ら思い込んでしまい、そのため、それ以上前に進めなくなり、目標を達成できないということがあります。そうした思い込みを克服するためにも、強い意志が必要だという例として、私は若い頃、幹部に対して、次のような動物実験の話をしたことがあります。

鶏というのは、人間がつかまえるとバタバタと暴れて、じっとしないものです。その鶏をつかまえ、上から押さえつけて、鶏の周囲に白い紐で輪を描きます。鶏からその輪が見えるようにして、鶏が輪の中で暴れようとすると、何度も手で押さえつけて動けないようにします。しばらくすると、鶏はもう暴れなくなってしまいます。

その状態で手を離しても、もう鶏は暴れもせず、じっとしたままでいるそうです。鶏はそこで暴れることができるのに、白い輪の中では動けないと思い込み、動かなくなってしまったのです。

そういう動物実験を本で読んだことがあったので、若い人たちに、「もうダメだと思い込んでしまっているから、前に進めなくなってしまうのだ。以前はできなかったことでも、状況は変わるのだから、強い意志を持って、元気を出してやる気になれば、簡単にできるものだ」と話をしたことがあります。

若い頃、私が実験や技術開発をしているときに、大きな難問が立ちはだかり、先に進めないようなことが何度もありました。ところが、「もうこの技術開発はダメだ」と思ったときに、ふとしたことがきっかけになり、その難問が解決することがありました。

そのときの状況を私はこのように思っています。最初、巨大な岩のような難問にぶつかって、私はものの見事に跳ね返された。2回、3回と繰り返し挑戦したが、跳ね返されて先に進めない。この岩は突破できないのではないかと思いました。ところが、何かのきっかけで、その問題が簡単に解決するのを見て、「大きな岩だと思っていたが、それは紙でつくった岩だった」と気づいたのです。

つまり、最初は岩に何度も当たって跳ね返されていた。ところが、「何としてもその岩を越えたい」と強い意志を持って、試行錯誤を繰り返し、何かのはずみに指につばを付けて強く押したら岩にいきなり穴が開いた。「なんだ、こんな簡単なことだったのか」。私はこのような事例に何度も遭遇したことがありますが、技術開発の経験がある方は、これとよく似た経験をされている方もおられるでしょう。

どんな困難でも、強い意志を持って、あきらめないでその問題をよく見極め、粘り強く努力すれば、困難に見えた局面でも必ず打開できると私は考えています。以前はどうにもならなかったことでも、状況が変わることもあるのですから、最後まであきらめずに粘り強く努力すれば、簡単に突破できるものはいくらでもあると、私は思っています。

インタビュー 日本電産株式会社 代表取締役会長 永守重信

この人を目指していけばいいんだ、という人に出会えた

他にライバル視できる人はいなかった

稲盛さんがいなかったら、日本電産はこんなに早く大きくなれなかったでしょう。やっぱり強い人と一緒に走ると、自分も速く走れるようになるんです。

初めて会ったのは、会社をつくって10年くらい経った頃でした。京都銀行の常務さんが、京セラの稲盛さんという人がいらっしゃって、今ものすごく会社が伸びている、一度会ってみたらどうか、と一席設けてくださったんです。

同じ申年で、ちょうど12歳違う。僕は30代の終わりでしたが、稲盛さんは50代に差し掛かったところで、経営者として脂が乗り切っていた。それはもう話に勢いがありました。

僕も働く働く働く、でしたけど、稲盛さんも働く働く働く、でね。夜10時半くらいに食事が終わると僕は当然、会社に帰るつもりでした。稲盛さんはもう自宅に帰られるのかなと思ったら、今から会社に戻るとおっしゃって。やはりこれは半端ではないな、と思いました。

同時に、なんか自分とそっくりな人がいるな、という印象を受けたんです。それで、そうか、この人を目指していけばいいんだ、と思うようになりました。

東京出張に行くときには、僕は朝一番の新幹線で行って、最終で戻ってくるんです。当時の京セ

ラの本社は山科《やましな》にありましてね。新幹線から見えるわけです。すると、最終電車で通るときに、会社に煌々《こうこう》と電気がついている。

それで京都駅に着いたら、我が社にすぐに電話を入れるわけです。京セラはまだ煌々と電気がついてたぞ、と。そうすると、「社長、こっちはまだ気分は昼飯ですよ」と社員が言いましてね(笑)。社風も、ものすごくよく似ていましたね。

そして稲盛さんと出会ったことによって、僕の中で大きな変化が出てきた。戦う相手が見つかったからです。身近なところでね。

12歳も年上で立派な方をライバル視するというのは、大変ですよ。

「ちょっとお前、いくらなんでもおごってないか」と周囲に言われたこともあります。銀行からも「あんた、稲盛さんがライバルとか、何を言っているんだ」とお叱り、お咎めを受けたこともある。

だけど、それは非常に高いところに目標を置いているということなんです。小さな会社の自分が、近いところの会社をライバルにしてもあまり意味がない。あの頃の自分としては、稲盛さん以外にライバル視できる人はいなかった。

サラリーマン経営者なんか、まったく価値を認めていなかったし、松下幸之助さんや本田宗一郎《ほんだそういちろう》さんもすごいんだろうけど、会ったこともない人に影響を受けるわけがないですから。そうなってくると、稲盛さんしかいなかったんです。

「これでは京セラは抜けないぞ」

京セラが本社ビルを建てたとき、高さが95メートルでした。それからだいぶ経って、僕は100メートルの本社ビルを建てました。そんなもの、ビルの高さを競争してどうするんだ、なんですけど、ビルはつくった後に上につなげないですからね(笑)。

超えることを前提にしてね、先にビルの高さを100メートルにしておこうということで、今の本社をつくったんです。

何かにつけて、京セラが何をしているか、稲盛さんがどういうことを発言して、どういうことをやっているかということについて絶えず情報をとっていました。売り上げ、利益もチェックした。いやもう成長もすごいわけですね。

年が12歳違って、京セラは創業が14年早かった。普通にしていて追いつけるはずがない。ちょうど本社の僕の部屋から、京セラのビルは真正面に見えるんですよ。電気がついているかどうかまではわかりませんけど、望遠鏡があれば見える(笑)。あ、まだ残ってやっておられるな、とわかったら、これは絶対に先には帰れないなと思ってね。

とにかく京セラに追いつけ、ですよ。もっといえば、追い越せ、でした。もちろん、そんなことは稲盛さんには言いませんが、京セラを追い抜くことが心の中での目標でした。稲盛さんは、ご存じだったかもしれませんけど。

本社ビルができたとき、稲盛さんは見に来てくださったんです。「中、見せて」とおっしゃってね。「お前の部屋も全部見せろ」と言われて。

それで見せたら、こう言われたんです。

「なんだ、お前のとこは、植木をこんなに並べてるのか」

本社ビルの新築祝いにもらったんですよ、と言うと、こう返されました。

「これ、毎日、誰が水をやるんだ。枯れたら、誰が捨てに行くんだ。いっぺん、私のところに見に来い。生木は一本もないぞ。全部、造花だ」

それも、もらったもので、コストはゼロ。造花だから水もやらなくてよい。枯れることもないので、捨てに行く必要もない。こうズバッと来るわけですよ。

「こういうことを徹底しなかったら、京セラは抜けないぞ」

その後も、ビルの中をずっと見て歩いて、「なんだ、こんなことをしてるのか」「これは無駄だなぁ」というような話をさんざんされるわけです。

でも、僕からすれば、なるほどなぁ、と感心することが多かった。たまたまビルの竣工式に来てもらって、そこでも多くの学びを得たんです。

お祝いにやって来て、そういう手厳しいことを言ってくれる人がどのくらいいるか、と思うわけです。だから、なるほどと思ったことは、すぐにやりました。まずは同じレベルに持っていかないといけない。そうでないと、勝てないですから。

似た考え方の人が集まると強い集団になる

もうとにかく、真似ましたね。いろんなことを真似た。朝も早く行く。夜も遅くまで働く。それから、稲盛さんがやっている方法もまず真似る。どういうことを言っておられるか、それも真似る。もう真似ることが全然なくなったら、今度は学ぶ。稲盛さんの本も読んだりする。

社員にもとにかくずっと語りかけました。一緒にご飯も食べた。京セラも日本電産も、それは一緒でしたね。会社組織も学校もそうですけど、やっぱりよく似た考え方の人が集まると強い集団になるんですよ。

もちろん、いろんな意見の人が集まって、いろんなことを言うことも大事かもしれません。会社が大きくなってから、そうなるのはいいですよ。でも、小さいときにいろんな意見が合わずにやっていたら、成長しません。

だから僕は京セラを見ていてね、ああ、こういうふうにならないといけないなぁ、と。これも稲盛さんから学んだんです。

酒を飲みながら、社員に語ってね。ああいう場は、自分の考え方をみんなに広く強く植え付ける場だと思っている人がときどきいるんですけど、それは違うんです。みんな同志なんです。考え方はできるだけ一緒にして働かないといけないということなんです。

意見の差があって、あたかも自由闊達でいいという場合もあるけれども、やはりゼロから会社をつくって大きくしていくには、そういう考え方でいったん固まらないといけないですね。

会社が立派になってきて、余裕ができたら、そこで初めて議論して、いろんな考え、違った考え方の人を迎える。今は、いろんな違った考え方の人を集めるほうがいいと言うけど、フラフラの会社で、それぞれの社員が違った考えを持っていたら、会社はつぶれてしまいますよ。

「けしからん」と叱られたことも

でも、いつまでも真似ていたのでは勝てない。だからアメーバ経営よりも、もっといい方法があるはずだ、と違う方法として事業所経営というのをやったわけです。最初は稲盛さんのやり方を学んでいたのですけれど、もっと優れた手法を編み出そうということで、新しい経営方法に取り組み、強力に攻めていったわけです。

かつて、京都の創業者の会というのがあって、僕もそこに参加させてもらっており、稲盛さんとは毎月のように会っていました。一緒に食事したり、お酒を飲んだり。長いお付き合いの中で、僕もだんだん言いたいことを言うようになっていました。

「お前は生意気だな」と言われました。「けしからん」と叱られたこともある。「私の意見に逆らったりしやがって」とたいへん怒っておられたこともあった。でも、自分の先生といえども、違うんじゃないかと思ったらそう言わないといけないと思っていました。

実は稲盛さんの12歳上に、ワコール創業者の塚《つか》本幸一《もとこういち》さんがおられて、稲盛さんは尊敬されていたんですね。でも、尊敬していながらも好きなことをおっしゃっていた。そういう稲盛さんの姿を僕は見ていたんです。

それはもう、僕も稲盛さんを心から尊敬しているわけです。だけども、そのまま、はいはい、稲盛さん、はいはい、というような態度は取りたくなかった。やっぱりときどきチク、チク、チクといく。そうすると、カーッと怒られたりする。これは、心からの尊敬があるからできるんですよ。

僕が余計なことばっかり言ってると、すごく気分を悪くされたりします。僕も同じことをされたら、絶対そうなる。だけど、本質は「あー、こいつは面白いやつだな。まともな議論ができる人間だな」と、そんなふうにとってもらっていたんじゃないかと僕は自分で思っているんですよ。

そうでなくて、気分が悪くなることばかり言う人間だとしたら、次から会ってもらえないですね。しかも、僕の会社もどんどん大きくなっていく。稲盛さんの苦労と変わらない苦労を積み上げてきたことがわかるから、僕の話を聞いてくれるわけです。

稲盛さんは、そんな小さな人ではないんです。人間の器が大きいんです。あいつとはもう二度と会わないとか、あの野郎ずいぶん大きくなって偉そうなことを言いやがってとか、そういう気持ちじゃないんですよ。だから、僕はあの人を尊敬している。

ただ、大僧正みたいに「うんうん」と聞いているのではないんです。口には出さなくても、顔を見たら、怒っておられるのはわかるから。でも、そういうところが人間的だから、また好きなんです。やっぱり人間は、喜怒哀楽を持ってないといけませんから。

最終的には相通じるところがある

稲盛さんと僕とは、やがて会社の経営の方法とか、M＆Aの方法とかが、大きく違っていきました。寄付のやり方も違う。稲盛さんは、箱物が好き。僕は、中身が好き。だから、がんセンターをつくったり、学校もやる。

どっちがいい悪い、ではないんです。やり方が違うだけで、やっていることの根本は一緒。だって、みんなが同じところばかりに集中したら、困るでしょう。いろんな人が、いろんな寄付をするから、世の中がよくなるわけです。

でも、最終的には相通じるところがあるんです。

日本電産はすでに69社、会社を買収している。ほとんどがつぶれかかった会社を再建してきている。これは、第二電電をつくった稲盛さんの、国をよくしたいというまっすぐな気持ちの影響が間違いなくあると思う。

でも、会社の再建というのは、簡単な仕事ではないんですよ。ものすごいエネルギーが要るんです。その点では、稲盛さんというのは、言ったことを必ずやってこられたわけです。口だけじゃないんですよ。

ＪＡＬ再建にしたって、自分で東京へ行って、現場に出向いて自ら指導してね。しかもあの年で、あの会社を再建に行くなんて、他にできる人はいない。本当に手袋１枚の値段まで調べて。だから、ＪＡＬは立ち直ったわけですよ。

この20年くらい、稲盛さんが心の世界とか、お寺のお坊さんみたいなことを言ってるのは、ちょっと違うなと思っていました。京都に坊さんは、たくさんいるのですからね、そんなもの、財界人が坊主になる必要はないだろう、と僕は考えていたんです。

ところが最近、僕もああいうことを言い出してきたんです。12歳違いますからね、10年遅れくらいで、だいたいほぼ同じようなことを言い出していて。「あんた、稲盛さんみたいなこと言い出したな」と最近は言われているんです（笑）。

松下幸之助さんも、人生の後半にＰＨＰをつくられた。僕は別にそういうことを意識しているわけではないんだけども、人間というのは、やっぱり国のためとか、社会のためとか、寄付行為をするとか、そうなるんだなと今は思っているんです。だんだんだんだん、稲盛さんに似てきたな、と。

ということは、やっぱり今も稲盛さんに影響を受けているわけです。やっぱり自分が真似て学んできた大先輩ですから。僕は稲盛さん以外の人の真似なんて、したことないですから。創業した頃は、オムロンの立石一真《たていしかずま》さんの教えの影響を大きく受けてやっていましたが、ある程度、会社が大きくなってからは、稲盛さんの影響がとにかく大きかった。

結局、自分が影響を受けるということは、考え方とか生き方とか、経営の仕方に親しみを持っているということだと思うんです。そこに尊敬心があったり、やっぱりこの人は立派だなと感じたり、そういうことがあるから影響される。他にはないんですから。

人生はプラスマイナスゼロ

会社を興すのでもいいし、何か資格を取るのでもいい。自分が目標を持って、何かやろうと思っていることがある人に言いたいのは、何はともあれ努力と我慢だ、ということとです。この2つを持っていないと絶対に成功しません。今も昔も一緒です。人よりもよく働く。何はともあれハードワーキングです。

家族の考え方も大事です。稲盛さんにしても、あの夫あってこの妻あり、というご夫婦なんですよ。男の成功も女の成功も、一緒に住む人がどんな考え方か、とても大事になる。

僕も子どもが2人いるわけですけど、どこかに遊びに連れていったためしなんてない。それは妻が全部やってくれた。そして、あなた、そのかわり偉くなってくださいな、大きな会社にしてくださいよ、とこういうことなわけです。

そうすると子どもたちが、「お父さん、次の日曜日には、どこかの遊園地に連れていってやると言ってたけど、また会社か」と言って、2人で怒っていました。でも、そんな子どもたちも、今は2人とも会社を経営しています。

遊園地に連れていかなかったら、子どもはおかしくなるのか。そんなのは全部、ウソですよ。そんなことよりも、酔っぱらって帰ってきて玄関で寝ている父親のほうが、よっぽどひどいでしょう。

稲盛さんもそうですけれど、僕は人間は叱って育てないといけないと思っている。本屋に行ったら、褒めて育てようなんて本ばかりですけど、もしそうだったら、もっといい人が育ってるだろうと。人は叱って育てる。これも、稲盛さんと共通しています。

家族の中で、夫が会社をつくった、妻が会社をつくった、と。それで死ぬほど働いていると。それに対してサポートもしないで、反対したり、協力しなかったりする奥さんや旦那さんだったら、絶対に会社は大きくはなりません。

やはり人間が成功していく過程では、配偶者や子どもに対して、ものすごく迷惑をかけてしまう。でも、だから会社は大きくなるんです。子どもを留学させることだってできるんです。それは、会社が大きくなったからできたわけです。

人生はプラスマイナスゼロです。いいことと悪いことで、プラマイゼロ。ところが、人間はいいことは忘れるけれど、嫌なことだけは覚えてますからね。

いや、僕の人生はそんなことない、嫌なことが9割あったなんて言う人もいますけど、それは全部ウソ。すべてはフィフティフィフティなんです。

稲盛さんには長生きしてもらわないといけません。稲盛さんがいなくなったら、困るのは、僕なんです。後ろから追いかける人がいなくなるんですから。

（2022年3月）

永守重信　ながもり・しげのぶ

1944年、京都府生まれ。職業訓練大学校（現・職業能力開発総合大学校）電気科卒業。'73年、28歳で従業員3名の日本電産株式会社（2023年4月にニデック株式会社へ社名変更）を設立、代表取締役社長に就任、「世界No.1の総合モーターメーカー」に育て上げた。現在は代表取締役会長（CEO）。公益財団法人永守財団理事長、京都先端科学大学を運営する学校法人永守学園理事長も務める。著書に『人を動かす人になれ！』（三笠書房）、『成しとげる力』（サンマーク出版）、『永守流 経営とお金の原則』（日経BP）、『人生をひらく』（PHP研究所）、『大学で何を学ぶか』（小学館）、『運をつかむ』（幻冬舎）など。

第4章

恩義に報いる

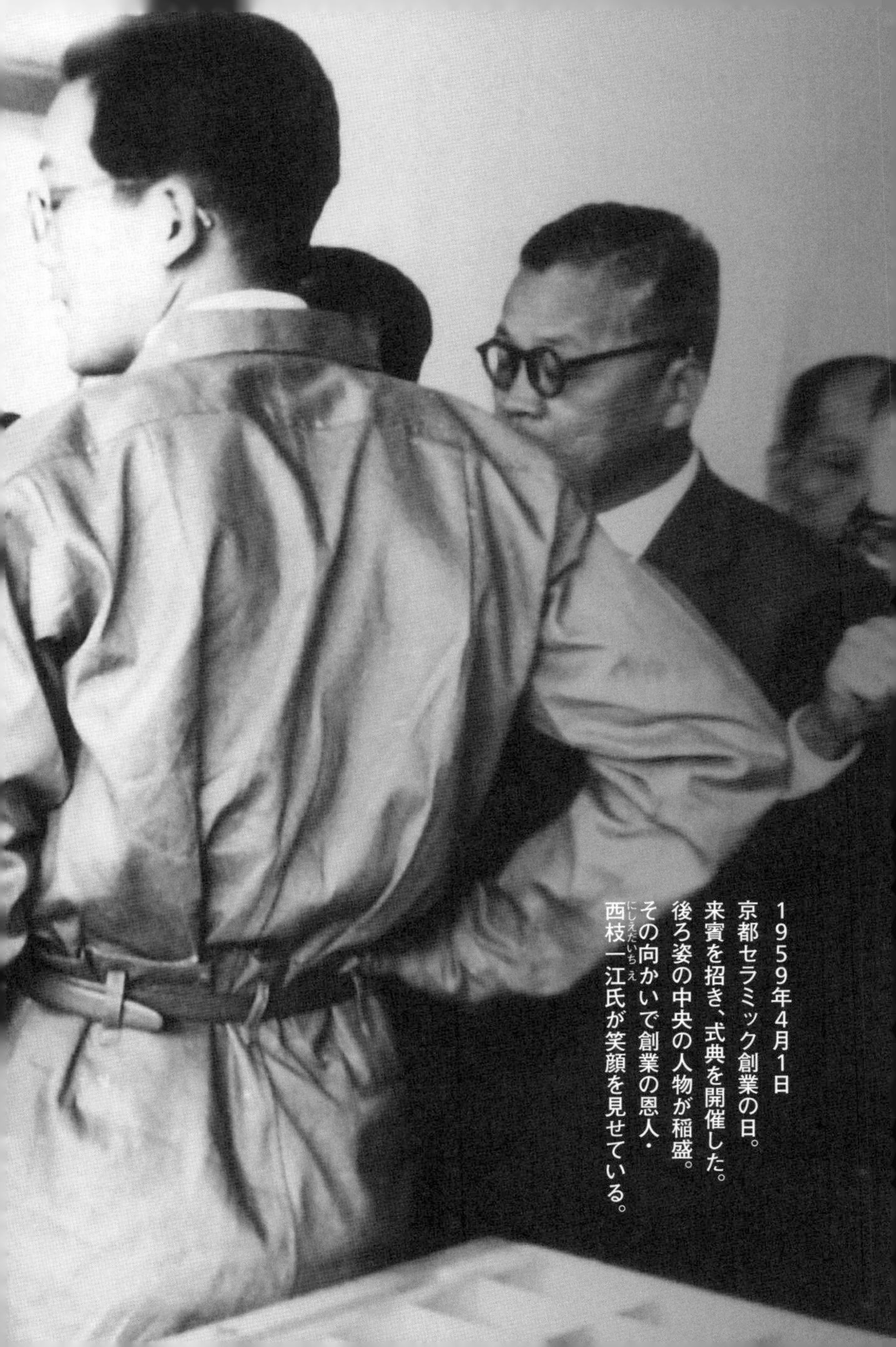

1959年4月1日
京都セラミック創業の日。
来賓を招き、式典を開催した。
後ろ姿の中央の人物が稲盛。
その向かいで創業の恩人・
西枝《にしえだ》一江《いちえ》氏が笑顔を見せている。

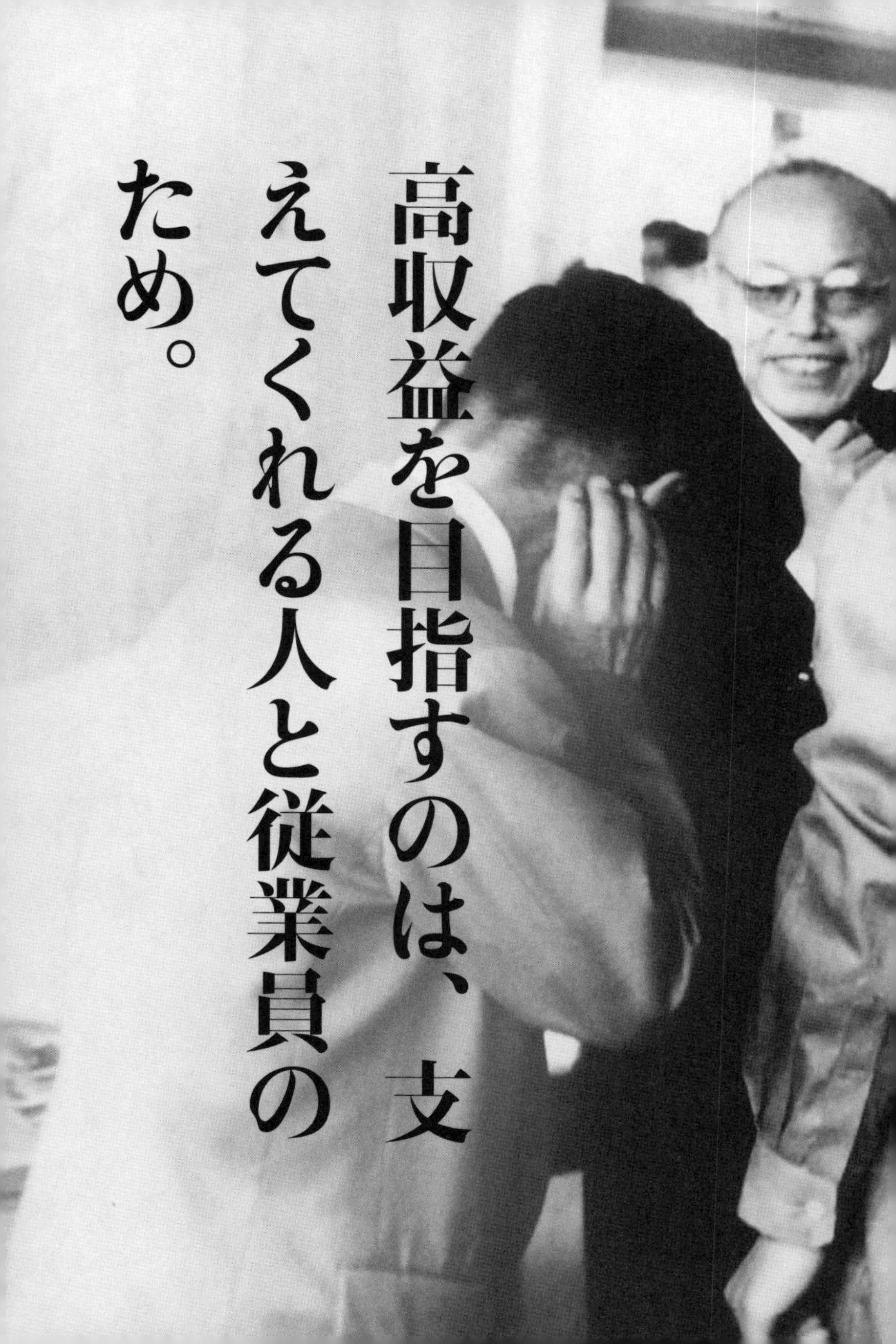

高収益を目指すのは、支えてくれる人と従業員のため。

京セラ創業を支援してくれた恩人

倒産したＪＡＬを立て直すために行ったリーダー勉強会。
その第2回（2012年5月15日）で、稲盛は「なぜ企業は高収益でなければならないのか」を解説。

昭和34年（１９５９年）４月１日に、京セラは創業したのですが、その年のお正月ぐらいから、京都のベンチャー企業の走りであった、宮木電機製作所という配電盤メーカーの専務をしておられた西枝一江さんを中心に、宮木電機の宮木《みやき》男也《おとや》社長をはじめ、支援をしてくださる方々にご相談をしながら、私は京セラ設立に向けて鋭意準備を進めていました。

また、会社設立にあたり、宮木社長をはじめ、西枝さん、また宮木電機の常務であった交川《まじかわ》有《たもつ》さん等々、宮木電機の幹部の方々に、それぞれ個人出資をしていただき、合計３００万円の資本金を集めていただきました。

当時、27歳でありました私は、わずか１万５０００円ほどのお金しか持っておらず、それは私と一緒に会社設立に向けて集《つど》った、他の20代前半の創業メンバーも同様のことでした。そのため、支援してくださった方々は、「技術出資」という形にして、私どもにも株を分けてくださいました。

そのようにして、まずはその300万円の資本金をもとに、会社設立に向けて、急ピッチで準備を進めていきました。そして、宮木電機の講堂と倉庫をお借りして、セラミックスの工場をつくり始めたのですが、セラミックスの製造工程で不可欠な、原料を調合するミルと呼ばれる粉砕器、また粉末を成形するプレス機、また押し出し成形器、さらにはセラミックスを焼く電気トンネル炉などの製造設備を検討していきますと、その300万円という資本金だけでは到底賄いきれないことがわかりました。

そのため、会社設立にあたり中心になって支援をしてくださっていた西枝さんが、ご自身の家屋敷を担保にして、京都銀行さんから1000万円を借りてくださいました。その1000万円と先ほどの資本金300万円、合計1300万円をもって、製造設備からすべてを賄い、京セラは操業を開始することができたのです。

そのお金を借りていただいた西枝さんからは、「もともと事業というのは万にひとつの可能性というくらい、成功するのは難しいもんだ。特にあんたがやろうとしている、新しい焼き物をつくるというような、今までにないまったく独創的なもので、高度な技術を必要として、それでいて限られたマーケットしかない。そんな事業を成功させるのは至難の業だ」と言われました。

西枝さんは、さらに次のように続けられました。

「もし稲盛君が、そんな難しい会社経営に失敗すれば、私は家屋敷を京都銀行さんに担保に入れているから取り上げられてしまうんだ」

そういうことを聞かされ、当時27歳の青年でしかなかった私は、本当に背筋が寒くなるような思いをいたしました。

私の父親は、戦前に鹿児島市内で、中堅クラスの印刷会社を経営していました。自宅のすぐ隣に工場があり、印刷機械が朝から晩まで音を立てて動いているという環境で、私は育ちました。私の父親にはもともと資本力はなく、印刷機械はすべて、紙の問屋さんから貸していただいたものでした。また、父親は貧乏に育ったせいか、お金を借りることに極度の恐怖心を持っていました。私もその血を受け継いだのか、借金をするということは、不安でなりませんでした。強い責任感にもさいなまれました。

私のために、支援してくださる西枝さんの家屋敷がなくなってしまうとすれば、たいへんなことだと思い、なんとしても借金を早く返していかなければならないと強く思っていました。

そう考え、一生懸命に働いたこともあり、京セラは初年度の決算から、2600万円の売り上げで300万円の税引き前利益、つまり利益率11・5%という好業績をあげることができました。

京セラが高収益企業になった原点

私は「このまま頑張っていけば、思いのほか早く借金を返せる」、つまり300万円も儲かったのだから、それを借金返済にあてれば、わずか3年ぐらいで1000万円の借金はほぼ返せると思い、たいへん喜んでいました。

喜び勇んで、それを西枝さんにお話をしたところ、一蹴されてしまいました。

「あんた、何を言《ゆ》うとる。何もわかってないんやな。利益が300万円出れば、半分近く税金に取られるんや。残るのは150万円。さらに、その中の50万円ぐらいは、資本金を出してくださった人々への配当や役員賞与などに使って、なくなってしまう。まあ、返済に使えるお金としては100万円ぐらいやろう」とおっしゃるのです。

私は経理も何もわかっていませんでしたので、たいへん驚くとともに、落胆しました。たった100万円しか残らないのであれば、1000万円の借金を返し終わるには、10年もかかってしまう。10年間も経営が安定して、毎年100万円の返済ができる保証はありません。さらには、利益をすべて借金返済に注ぎ込んでいっては、会社は発展するための投資すらできません。

そのため、たいへん心配し、「どうすればいいのでしょう?」と西枝さんに相談をいたしました。すると西枝さんは、「何を心配しとる。売り上げの10%も利益が出るような事業というのは、非常に期待が持てる、将来性のある事業やないか。お金は返さんでええんや。利益が出て、そして将来も発展していくというめどがあれば、金利だけを払い、元金は慌てて返す必要はないんだよ」と言われるのです。

「しかし、借金は返さなければなりません。もし、万一のときがあったら返せなくなります」と、私がさらに返しましたら、次のように言われました。

「事業家というのはそんなもんやないんや。借りたお金を返さなければならないと考えているようでは、いい事業家にはなれん。発展性のある、素晴らしい高収益の事業であれば、担保がなくても、その事業を種に融資してもらえる。そういう資金を活かして、どんどん事業を拡大していくのが事業家なんや」と諭されました。

「なるほど、事業とはそういうものか」と感心はしましたが、やはり生来の気性なのか、私はできるだけ借金は早く返そうと考えました。

「事業家というのはみんな、他人のお金を借りて設備投資をし、大きくなっていく。金利を返し、償却ができさえすれば、金を借りることは決して恥でもなければ悪いことでもない」と言われても、私は経営の常識みたいなものを持ち合わせていませんから、とにかく借金をすることだけは避けたいと強く思っていました。

そのときに、ハッと気がつきました。「そうか。当初、300万円の利益が出たと聞いて、3年で返せると思ったが、それは税引き前利益であり、半分以上が税金や配当などで取られてしまうから、借金をいつ返せるかわからないと嘆いていた。しかし、税引き後の利益で300万円残せれば、やはり3年で返せるではないか。ということは、初年度の売上高利益率が10%であったけれども、それを20%にすれば、何も問題はないはずだ」。

そう気づいたことが、京セラの高収益経営の原点なのです。利益率20%が可能だとか、不可能だとかという問題ではありません。借金返済のためには、高収益がどうしても必要だから、そう強く思っただけのことです。

税金を惜しむと、期せずして利益が減る

そのとき、税金が惜しいとも思いました。300万円の税引き前利益が出て、そこ

から半分も税金で取られる。私はそれが本当に惜しく思いました。

「国というのは、時代劇に出てくる悪代官みたいなものだ。みんなが怒るのも無理はない。我々庶民を痛めつけて税金をむしり取る」と憤っていました。

世の経営者の中にも、税金を取られるのはもったいないから、脱税しようと考える人もいるでしょう。あるいは、税金を払いたくないばかりに、利益を減らそうとする人も出てきます。

「汗水たらして頑張ったのに、何の手伝いもしてくれなかった国に税金を取られるぐらいなら、自分たちで使ってしまったほうがいい。設備をもっと買おう。交際費も使おう、従業員に臨時ボーナスを出そう」などと、利益を減らすことを考えていくのです。

この場合、最初はむしり取られる税金が惜しいので、それを減らそうということだったのですが、期せずして利益を減らすことになり、いわゆる経営者自身が低収益を望むことになってしまうのです。本当は、税金がけしからんから、その税金から逃れようとしているだけで、決して低収益を望んでいたのではありません。しかし結果として、その経営者のメンタリティは、自ら望んで、低収益経営をするということになってしまうのです。

しかし私は、借金を早く返そうと強く思っただけで、脱税しようともしなかったし、無駄な投資をしたり、従業員や役員と山分けをしたりしようとも考えませんでした。さらに会社の収益性をあげて、もっと多く利益が残るようにしよう、そうすれば3年で借金を返せると、素朴にただそれだけを考えていたのです。

そのようなことが、京セラが高収益企業となる発端であったわけですが、その後、京セラは順調に売り上げを拡大するとともに、2桁以上の高い利益率を続けていきました。このような京セラの経営を通じ、私は企業経営において、高収益でなければならないということを確信するに至りました。

高収益の世界へ「住む世界」を変える

盛和塾西日本地区忘年塾長例会（2014年12月17日）での講話。
その主題は、自分の意志で劇的に「自分の住む世界」を変えること、であった。

私は常日頃から、盛和塾（注・稲盛和夫が主宰していた経営塾）の塾生に「業種に関係なく、事業を営む以上は最低でも10％以上の利益率をあげられないようでは、企業経営のうちには入りません」と言っています。

そのような私の言葉に感化され、塾生の皆さんは知らず知らずのうちに「10％の利益をあげなければならない」と思うようになっています。深層心理で常にそのように思っていますから、利益率が10％を下回ると、無意識のうちに10％に近づけようと努力するようになります。それほどに人間の心理というのは経営に大きな影響を与えているのです。

「高収益でなければならない」「利益率10％が必要」ということを、私はずっと言い続けてきました。当初は、「京セラは10％の利益率があるかもしれないが、我々の業界、うちの会社では10％などとんでもない話です」とおっしゃる塾生さんが大半でした。しかし、「やはり10％の利益率が必要だ」と私が言い続けてきた結果、塾生の深層心理の中に「いや、10％くらいは出さなければならないのではないか」という思いが芽生え始め、気持ちがだんだん変わっていきました。

そういうふうに気持ちが変わってきた塾生の企業の中に、利益率がどんどんよくなり、10％くらいの利益を出しているところがたくさん出ています。特に経営診断資料等を見ていますと、昔は5〜6％の利益をやっと出していた企業、あるいは利益も出ていなかった企業が、最近では10％近い利益をあげている。そういう塾生企業をよく見かけます。

自分自身で「10％の利益率は無理だ、できるわけがない」と思っていたら、それはできないのです。10％の利益は当たり前に出せるはずだと思い始めたならば、数年の間で状況が変わっていく。そうした例を私は実際に見てきました。

心に何を描くかで利益率に影響などするわけがない、と思われるかもしれませんが、そうではありません。「3％、4％の利益があれば十分だ」と思っている経営者と、「10％の利益をあげなければならない」と思っている経営者とは「住む世界」が違うのです。

ひとたび「10％の利益をあげなければならない」と深層心理で思うようになると、10％を下回る世界では「居心地」が悪くなるのです。それまでは3％、4％の利益の世界にいても「居心地」がよかったわけですが、ひとたびそうした世界から抜け出て「10％の利益をあげなければならない」と意識するようになると、もはや3％、4％の利益の世界は居心地が悪くなり、戻りたくなくなるのです。

ですから、人間の心、意識がどうあるかによって、実際に表れてくる利益率が決まってくるわけです。この盛和塾で私がお話をする内容に繰り返し触れ、心に「10％以上の利益を出さなければならない」と思うだけでも、その経営者が「住む世界」は知らず知らずのうちに変わっていくのです。

ましてや、「強烈な思い」を抱き、岩をも穿つような強い意志で一気呵成《いっきかせい》に高収益を目指そうと努力するならば、より劇的に「住む世界」を変えることができます。そして、いったん「住む世界」が変われば、あとは通常の努力でその世界に居続けることができるようになります。

このことは人工衛星に例えればわかりやすいと思います。ロケットを使って人工衛星を宇宙空間に打ち上げるためには、地球の引力から抜け出さなければなりませんから、膨大なエネルギーが必要になります。ところが、いったん宇宙空間に出て軌道に乗ってしまえば、あとは限りなくゼロに近いエネルギーでも猛スピードで地球の周りを周回し続けることができるのです。

この人工衛星を打ち上げるときと同じようなすさまじいまでのエネルギーを注ぎ込むなら、劇的に「住む世界」を変えることができます。そのようにいったん「住む世界」を変えてしまえば、あとは従来通りの努力で高収益を維持していくことができるようになります。

従業員の物心両面の幸福を実現するために、高収益は不可欠

そのことができるかどうかは、ひとえに経営者の皆さんの「強烈な思い」にかかっています。まずは経営者自身が「自分の会社をなんとしても高収益にしたい」という、心からの願望を持つことが必要です。

社長が高収益でありたいという強い願望を持ち、強い意志を持って経営していかなければ、いかなるノウハウを使っても、会社の利益を伸ばしていくことは困難です。それも希望するといった程度の思いではなく、「どうしてもそうしたい」という心の底からの、信念にまで高まった願望が必要なのです。

塾生の皆さんの中で、もし今、低収益に苦しんでいるところがあるならば、ぜひ強い願望と強い意志を持って、一気呵成の努力によって、高収益の世界へと自分が「住む世界」を変えていただきたいと思います。

そうして、高収益経営を続けることで得た利益は、企業の経営基盤を築き、株主に貢献し、事業を伸ばすためのベースとなります。そして何よりも、従業員の物心両面の幸福を実現するために、高収益は不可欠なのです。

私はよくこの盛和塾で「5人でも10人でも従業員を雇い、その家族も含めて養っていくということは並大抵のことではない」と申し上げてきています。人間、自分ひとりが一人前に生計を立て、家族を養っていくだけでもたいへんな苦労が伴います。この現代社会、誰もが自分のことで精いっぱいであり、人のことまで考える余裕はないと言っても過言ではありません。

しかし、そのような世知辛い世の中においても、経営者の皆さんは多くの従業員を雇用し、その従業員と家族のために、日々懸命に経営にあたっておられます。自分のためではなく、従業員のために身を粉にし、汗水を流しながら利益をあげ続けているわけです。それは、立派な「利他行《りたぎょう》」であると私は思っています。我々はそのことを自覚し、誇りを持って、胸を張って経営にあたらなければなりません。

好きやったんでしょうね、お互いに

―インタビュー―西枝一江氏子息／京セラ株式会社 元監査役 弁護士 西枝 攻

「財産、なくならんで済んだなぁ」

ちょうど私は中学生の頃でした。夜7時くらいに会社の創業準備のために稲盛さんや、松風工業での稲盛さんの元上司、青山政次《あおやままさじ》さんが父を訪ねてやってきて、夜遅くまで自宅の座敷で話をしていました。

父からは、会社をやるんや、という話を聞いていました。父も中小企業の経営に携わっていたわけですが、それこそ粉骨砕身で頑張ってもどうなるかわからない。苦労をしていたんですね。そんなとき、生きのええ若い経営者と出会って、父も熱くなったんでしょう。

1000万円の借金をしたことについては、「うちの財産、なくなるかもしれんぞ」という話を母親にはしていたみたいです。京セラが一人前になったときには、「なくならんで済んだなぁ」と笑い話にしていました。

お金のことについては、恬淡《てんたん》としていた人だと思います。それよりも、稲盛さんがつくった会社がまともに大きくなればええ、と思っていたんでしょう。その意味では、経営の話を稲盛さんとは大変真剣にやっていたようです。

会社ができてからは、自宅に来るのではなく、祇園《ぎおん》の花見小路《はなみこうじ》の割烹屋さんに行って、晩飯を食べながら話をしていたみたいですね。

稲盛さんも経営の勉強に熱心で、まだ会社ができたばかりの頃、経営者のセミナーに行って帰ってきて、「西枝さん、こんな話を聞いてきた」と話したことがあったそうです。そうすると父は「しょうもないとこ行くなぁ」と返したと（笑）。

この話は「お前のおとっつぁんにこんなことを言われた」と稲盛さんにも聞いたんですが、そのあとで稲盛さんは父に言われたことと似た経験をするんです。

本田技研の創業者の本田宗一郎さんが有馬温泉で経営セミナーに登壇することになった。温泉旅館に泊まりがけで行って、浴衣でみんなで待っていたら、油染みのついた作業着のような格好で本田さんが現れて、開口一番こう言ったんですね。

「だいたいこんなとこ来るような会社の経営者は会社をつぶす。おれの話なんか聞いても意味がない。今すぐ戻って仕事しろ」

これには稲盛さんも衝撃を受けたと言われていました。もちろん本田さんの話ですから、すごい話があったと思うんですが、父が言っていたのも同じで、結局は自分で考えないといかん、ということですよね。

京セラができて14年ほどで父は亡くなっているんですが、実は設立から2年ほどして、バイクにはねられる事故に遭いましてね。亡くなるまでの十数年間は、体に障がいが残り、いろんな病気が出て。それで、私が司法試験に受かった年に亡くなったんです。

ですから私は大学4年間と司法試験の受験時代は毎日病院へ、父の食事を運ぶ役をやっていました。この間に稲盛さんも、ときどき見舞いに来ていました。いろいろ報告をしたり、相談したり。

稲盛さんは恩義をお感じだったのかもしれませんが、会社を大きくしていきたいという心の一部には、父のことは間違いなくあったと思います。

でも、人と人とのつながりでいうと、好きやったんでしょうね、お互いに。これが得するからええとか、利用しがいがあるとか、そういう感じではなかった。私も80近くになってみてわかりますが、たぶんそうだったんやないかなぁと思います。

単なる動物的な勘ではない

稲盛さんとは11歳違うんです。私にしてみれば、11歳離れたお兄ちゃん、という感覚でした。

父のお見舞いには、社用車だった「スバル360」を自分で運転して来ていましてね。「どうせ暇やろう、ついてこい」と、伏見とか西陣あたりの京都市内の協力工場に出向くときに乗せてもらったりしました。家まで送ってもらったりしたこともありましたね。

運転しながら、他愛もない話をする。そんな頃から、本当に長いお付き合いになるんですが、振り返って思うのは、一つの物事に真剣に向き合われる、ということです。ああ、この方はいつも真剣なんやな、と後になってわかりました。

11歳違いで先輩と後輩ですから、若いもんにやったら、ええ加減に適当に話をしとけば、その場は済むものです。でも、それはしはらへんかった。いつも真剣、真正面なんです。

弁護士を目指しているという話も、早くからしていました。冗談で「受かったら、うちの仕事もやれよ」と言われて、「はあ、はあ」とか言うてたんですが、受かってからはまったく京セラとは関係のない事務所に行きましてね。稲盛さんからは「何を考えとんじゃ」と怒られました（笑）。

それで10年ほど経って、「京セラの仕事をさせてほしい」と押しかけ女房みたいに私から頼み込んだんです。監査役になるときも、「どうも肩書がなかったら仕事がやりにくいから、なんとかしてもらえませんか」ちゅうて（笑）。

押しかけだったんですが、よう京セラの皆さんが受け入れてくれはったな、と今は感謝以外ないです。ただ、よう働きましたよ。京セラ流の働きは、本当にびっくりですから。働くことが生きがいやちゅう感じで、いろんなことをやることになりました。

それで一緒に仕事をして、やっぱり稲盛さんには驚かされました。ある事件で、私は落としどころはここやと思っていたとき、稲盛さんはこっちや、と言うんです。違う結論なんです。

法律的な理屈で考えると、絶対にそれは難しいとずいぶん議論をして、それから1年、事件が進行していったんですが、その間に稲盛さんの言っていた落としどころが一番よくなったんです。これは驚きでした。

もちろん、依頼者の思てる通りになったんやからハッピーはハッピーでしたけど、事件というものに対する直感というか、その鋭さを感じました。それは単なる動物的な勘やないんですよ。

いろんな知識と経験がない交ぜになったご本人の結論やと思うのですが、やっぱり一流の経営者というのはすごいものを持っているんやな、と思いました。

父の代わりに西片擔雪老師を引き合わせた

父は京大から松風工業に入社して、その後、世界恐慌のあおりで退社して、弁理士になったんですね。それが忙しくなって、書生を雇うようになるんですが、その一人が円福寺におられ、後に妙心寺の管長になられる西片擔雪《にしかたたんせつ》老師やったんです。円福寺は稲盛さんが得度し、修行を行った臨済宗妙心寺派の寺院です。

父が生きているとき、父は擔雪さんに「京セラの社長をやっている稲盛君という偉いやつがおるんや」という話を吹き込んでいたようなんです。一方で稲盛さんには「円福寺を出た雲水《うんすい》さんで、ものすごい偉いお坊さんがおるんや」ということを吹き込んでいた。

それで父が1973年に亡くなったとき、お通夜の晩に二人を引き合わせたのが、私やったんです。

擔雪さんのお経が終わって食事が始まったとき、稲盛さんがこう私に言うわけです。

「おい、あの人が西片さんか」

「はあ」

「紹介せえ」

「知ってはるのと違いますのん？」

「いや、名前は知っとるけど、会《お》うたことはない」

それで擔雪さんに近づいていって、

「あの人が稲盛さんなんですわ」

と言うたら、擔雪さんも会ったことはないとおっしゃる。

それで、ええ具合やちゅうことで、どうぞどうぞと紹介して。

このお通夜の晩が二人は初対面だったんですが、すぐに意気投合ですよ。稲盛さんは、何かあったら当時は擔雪さんがおられた円福寺に通われて。

擔雪さんと稲盛さんは10歳違いますが、それなりに話ができるわけですね。擔雪さんは、私の父の代わり以上の存在になったのかもしれません。

私も稲盛さんから「一緒に来い」と言われて、何度かご一緒したことがあります。稲盛さんは話をしていくんですが、擔雪さんは「ふんふん」と聞いておられる。あまり返さはらへんのですが、それでも話している間に、気持ちが和らいだり、落ち着いたりするんですね。そういうような関係なんやな、と思いました。まさに師匠です。

まったくブレることがない

もともと稲盛さんは、すべて自分で一つずつ考えて物事を構築していく人です。その検証方法というのが、自分の思っていることを先輩にぶつけて、そこでもういっぺん整理し直す、というやり方なんです。それを改めて知ったのが、擔雪さんとのやりとりでした。

ちょうど稲盛さんが第二電電をやろうというとき、それこそ寝られんほどに悩まれたと思います。私も弁護士になって10年くらい経っていたんですが、このとき何度かお供することになりました。

それで、「どうして第二電電をやるのか」という話を、行くたびにしはる。基本的に、同じ話です。なんですが、聞いていたら、まったく同じやないんです。5回くらい聞きましたが、毎回、ブラッシュアップされていくわけです。

1回ずつ話が深まっていく。見方が少しずつ変わっている。物事の決断やから、そのたびにええとこに収まっていくわけです。なるほど、こんなふうにして、いろんな人と話をしていく中で、物事を深めていくんやな、と思いました。

普通の薄っぺらい理屈の付け方やなしにね、本当に真剣にそのものに向き合っているからこそ、ブラッシュアップされていくんでしょう。人の話でブラッシュアップされるのではなしに、自分の内でブラッシュアップされていくんです。

その意味で、擔雪さんと稲盛さんを引き合わすことができたことは本当によかった。これは大役やったですね。今、初めてわかりました（笑）。

それこそ中学の頃から知っていますが、稲盛さんのすごさは本当にブレへんところです。昔から知っていようがいまいが、プライベートな面と公の面で人格がブレない。この人は仕事の人やから、と違う発想でお付き合いする、というようなこともない。話を変えるということもない。

名誉会長室で打ち合わせをするのと、ご自宅に伺って話をするのと、話のやり方を変えるということはまったくない。そういう人なんです。

（2022年4月）

西枝 攻 にしえだ・おさむ

1943年、京都府生まれ。大学卒業後、'75年より大阪弁護士会所属。'86年より京セラの顧問弁護士となり、'93年から2020年まで監査役を務めた。'11年に「京都という地において先人から物的・知的・精神的に受け継いできた豊かなものを次代へ引き継ぐことで次世代の精神的幸福を願い、その一助となるという想い」を実現すべく、公益財団法人西枝財団を設立。現在も代表理事を務める。

第5章

熱を伝える

1982年、
経営方針発表会の決起コンパで、
稲盛の話に身を乗り出す社員たち。
若き日の山本正博《やまもとまさひろ》氏の顔も見える。

部下が情熱で燃え上がるまで、自分のエネルギーを注ぎ込む。

相手がその気になるまで自分の思いを伝達する

1981年2月12日、稲盛は三和銀行クローバー会に招かれ「成功する経営者の条件」について講演。成功の源泉は情熱であることを語った。

ベンチャービジネスの経営者やそこで働く社員は、常に新しいものにチャレンジをしているという人でなければなりません。つまり、たいへん挑戦的である。停滞や安定していることを望まず、常に新しいものにチャレンジをしている人です。

例えば、ベンチャービジネスの経営者が、「お金を貸してください」と来たとします。そしてその人は、「私の事業はこういうふうに展開するつもりです」ということを朗々と説明するはずですから、その間ずっと静かに聞いていると、その人がどのくらい自分の技術開発、あるいは経営というものについて、未来に対する夢を持っているかがわかるはずです。または社員が部長や課長に新しいテーマを与えられて、あるいは自ら持ってきて「社長、私はこんなことに取り組みたいです」と言った場合、

「君は、それをどんなふうに展開していくつもりだ」と尋ねると、その素晴らしい未来に対する夢について、「こうやって、こうやって、私はこういうふうにやってみたいと思うのです」と話してくれる。つまりそのときに、その人の持っている性格というものがたいへん出てくるのです。

まさにそんなとき、溢れるような希望を持って未来に対する限りない夢を描けるタイプの人こそが、経営者であり社員でなければなりません。そういう夢が描けるタイプの人というのは、実は同時に常識にとらわれない人です。常識にとらわれないで努力をすれば、可能性があるのだと思っている人、意識をするしないにかかわらず、努力をすれば可能性が開けるのだと思っている人です。その夢や未来に対する希望のレベルを見れば、大抵の場合、その人がどのくらい情熱を燃やす人なのかというのがわかるはずです。一番まずいのは、いい開発テーマを与えて取り組ませても、その人が燃えてくれないことです。それだともう99％成功しません。物的条件からあらゆるものを準備してあげて、「君はこれを担当しなさい」と、あるいは「これを、こうやって、こうすればうまくいくはずだから」と言って取り組ませても、その人が燃えない限りは絶対に成功しないと、私は思っています。

物的条件、資金とか設備などは何もなくても、トップが夢をいっぱい持っていて、

「うちの会社を将来発展させるためには、どうしてもこの事業をやらなければならない」、流通分野であれば「この商品を取り扱って、成功させなければならない」ということを強く感じているとします。それについて、ある課長に「君は今度、これを担当してくれ」と指示をする場合、そのトップが持っているものと同じくらいのレベルに課長の気持ちが高ぶってくるところまで、一生懸命話を続けなければならないわけです。

一度、「君はこれを担当してくれ」と言って、「わかりました」と言う程度では、絶対に成功しないのです。そのため、私の場合、繰り返し言うわけです。どうもまだ、社長から言われたから「ハイ」と言った程度だと思ったなら、また翌日呼んで、「実は、うちの会社はこういう現状であって、今度こういうことに取り組まなければ2〜3年後にはうまくいかなくなってしまいそうだと、私は思っている。だからこれは、何としても君が取り組んで成功させてくれ」というように話をする。それはトップが持っている、どうしても成功させたいと思っているその考え方を、その人に移すということであり、トップの何としてもやり遂げたいと思っている情熱を伝達するということです。自分がエキサイトして、自分がやりたいと思っていることを相手に伝えることは、まさに相手への自分のエネルギーの注入なのです。

自身が全身全霊を打ち込んでエネルギーを相手に注入すると、くたくたにくたびれてしまいます。相手がその気になってくれるまで自分の思いを伝達することには、自分にとってもたいへんなエネルギーが必要なのです。言霊《ことだま》ともいいますが、本当に魂がこもった言葉で伝えようとすれば、そこにはたいへんなエネルギーが必要なのです。それはまさに、情熱の移入、注入ですから、とてもくたびれるはずです。

物事の成否の源泉は、その人が持つ情熱

相手にエネルギーを注入し、自分と同じか、それ以上のレベルにすることを「励起《れいき》させる」といいます。物理学では励起とは、原子や分子が外からエネルギーを与えられ、もとあったエネルギーの低い、より安定した状態からエネルギーの高い活性化された状態にシフトすることをいいます。つまり、エネルギーを注入することによって相手を自分と同じくらいの状態にまで励起させることで、それが行動となり結果となって表れてくるようになるのです。これは物理と全く同じ現象ですが、それが対人間という関係で行われるということです。つまり、それくらいに高まってくるまで相手に注入しなければ成功しないわけです。

ですから誰かと物事に取り組む際に大切なのは、その人の技術や商品知識のレベル

が高いことはもちろん、今からやろうと思っている自分の仕事に対して夢と希望を持っていることであり、もしそれを持っていないとすれば、それを注入してあげなければならないということになるわけです。ただ単に「これに取り組んでくれ」と言って「わかりました」と返事する程度では、もう全然ダメで、3割成功するかどうかです。本人が「頑張ります」と言って5割くらい。9割くらい成功するというのは、一心不乱になって昼も夜もわからないくらいに、その人が打ち込んでいる状態、これはもう自分なのか仕事なのか、境界線がわからないくらいになっている状態です。そのくらいになっていると、資金も設備も何もなくても、9割くらい成功すると思います。

事業というのは、ヒト、モノ、カネとありますが、実はモノ、カネは本当はあまり必要ではなく、問題はヒトだけだと思います。ヒトというとすぐに才能と思われるのですが、才能ではなくて、その人が持っている情熱だけです。その情熱が凝結したものが業績であり、会社なのです。だから企業の中でヒトは大事です。企業内で働く従業員のモラールが高くないとダメだと思います。モラールというのは、従業員一人ひとりが持っている情熱です。自分の会社を立派にしていこうと思っている情熱がどのくらい高いかが、モラールの高さなのです。だから必要なものというのは、カネでもモノでもなく、ヒトなのです。

そのヒトもただ単に能力だけではなく、一人ひとりが持っている情熱によって成功か失敗かが決まってきます。その情熱さえあれば、後は全部ついてくるのです。何としてもこれを成功させようと思うのであれば、能力が自分になければ、能力のある人間を採用すればよいのです。情熱があれば、銀行に日参して一生懸命自分の夢を語り、何としてでもこれをやりたいのだと訴えれば、それに動かされる支店長がいるはずです。特定の銀行では動かされなくても、どこかの銀行には、その気持ちに応えてくれる人がいるはずです。つまり、物事の成否の源泉というのは、その人の情熱なのです。

だから京セラみたいな企業が今日存在するのであって、もし、情熱が物事の成否の源泉でなかったならば、京セラは今日存在していませんでした。なぜならば、私は決して頭がよかったわけではありませんし、特別セラミックスに関する高度な技術を持っていたわけではありません。すべてが情熱を中心にして後からついてきたものなのです。このことは、今日私どもがまぎれもなく実証してみせていることだと思います。

また、京セラは太陽電池や人工宝石など、さまざまなことに取り組んできました。これらは私どもにとっても全く未知の分野であり、あんなものがうまくいくわけがないと思われるようなことを、好んでやってきたわけです。

なぜなら、情熱だけでものをつくることができることの証明をしてみたいと思っているからです。経営というものにはもっと本質的なものが何かあるはずです。例えば、経営学や経営理論などさまざまなものがありますが、そういうもので説かれているのは現象面と方法論だけです。そうではなく、経営の本質というものがあるはずだと思うのです。私どもは、それを自分たちで証明してみたい、もしその核心をつかまえられさえすれば、どんな事業に取り組んでも成功するということだと思います。だからこそ、傍から見た場合には成功しないだろうと思われるような事業に、あえてチャレンジして取り組んでいるのです。私が今お話ししている情熱というものが、本当に物事の成否を決める源泉なのかどうかということを確認しようと思っているわけです。

インタビュー　京セラ株式会社 元副社長／KDDI株式会社 元副社長 山本正博

みんなの力でやるから、会社は強くなる。大きくなる

「社長、おかしいじゃないですか、この会社は」

京セラには中途入社で入りました。それまでは11年間、旭化成にいて、2～3年ごとに転勤する生活でした。私は長男だったので、大阪に住む両親の面倒を見ながら働ける会社はないかと探していました。そんなときに、発展期だった京セラが中堅幹部募集の新聞広告を出したんです。

当時の日本では、転職すると一生うだつが上がらない危険がある、というのが常識でした。だから、うかつに転職なんかできなかった。出世しようと思ったら、ずっと同じ会社にいるのが一番いい。そんな時代だったんですが、私にしてみれば、家の事情でそうは言っていられなかった。でも、結果的には京セラに転職して本当によかったんです。周囲からも、そう言われました。

同じ年に確か、55人が中途入社で入りましてね。みんな他社を経験している。そうすると、〝京セラ流〟にびっくりするわけです。昔の軍隊みたいに整列する朝礼があったり、体操があったり。ずっと京セラにいた人は慣れてますからなんとも思いませんが、55人は「なんだ、この会社は」とそら思いますわな。私も思ったんです。

ちょうど入社後1ヵ月経って、コンパが行われました。当時は山科に本社ビルがあり、その5階に大きな和室があって、焼酎を飲みながらみんなでざっくばらんに話し合うという、中途入社組に

とっては、初めての京セラ流コンパでした。

最初に稲盛さんから、こう挨拶があったんです。

「皆さん1ヵ月経って、だいぶ慣れられたと思います。なんかご質問があったらどうぞ。私が答えますから」

まだ稲盛さんがどんな人なのか、よく知りません。初めてなので、怖いもの知らずなわけです。それで中途入社組の一人がこう問いかけたんです。

「社長、おかしいじゃないですか、この会社は。朝礼はさせられるわ、体操は無理矢理させられるわ。本来、自由な人間をつかまえて、なんですか、これは」

私は聞いていて、「よう言《ゆ》うた」と腹の中で思いながら、稲盛さんはどう答えるんかなぁ、と見ていました。そうすると、開口一番こう言われました。

「あなたね、社会と企業を混同してますよ。社会というのはね、あなたが言うようにみんな自由だ。どんな主義主張を持とうがかまわないし、自由に振る舞える。そうでないと、社会はおかしい。だけど企業ちゅうのはね、社員たちを食べさせて、税金を払って国に貢献して、そして会社を成長させて社員の将来まで保証せんといかん。そうしようと思ったらね、それなりの企業としての性質ちゅうか意志が要るんです。その意志に従って企業は成長していくんです。だから企業と社会とは別なんですよ。混同したらダメですよ」

驚きました。こんなことを明快にズバリと言う人を、初めて見たからです。そして、言われてみりゃその通りやな、と思いました。

社会はそら自由でないといかん。でも、私たちは社会と企業を混同していた。企業に入っても社会と同じような自由を求めるのは、そらおかしいわな。稲盛さんの言う通りやなぁ、と思ったんです。現在でも、「自分はどこにあっても常に自由だ」と思うばかりに会社とのちょっとした食い違いにトラブったり、悩んだりしている人は結構多いのではないでしょうか。

そこから、すっかり京セラと稲盛さんに、はまり込んじゃった（笑）。このコンパは貴重な経験だったですね。稲盛さんは、ずっと日頃から考えていて、そういう信念があったんでしょう。それはすごいと思いました。

そしてずっとこの調子ですから、どんどん引き込まれるんです。

エンジンをかけた途端に粉々になる

私の仕事は、セラミックスでの自動車部品の開発でした。猛烈に働きましたね。でも、当時はどこでもそうでした。旭化成でも猛烈でしたから。仕事はいくらでもあった。それは京セラに入っても同じでしたが、開発は本当に難しかった。

アメリカで、セラミックスでエンジンをつくったら、燃料効率が約30％上がるという論文が出たんです。それをやってみようかということで、中途入社の5人が配属になった。まったくのゼロからの開発ですよ。

それこそ既存のセラミックスで部品をつくってみたら、エンジンをかけた途端に粉々になる。そこから始まったんです。それでエンジンをバラしてまた組み立てることを繰り返し、既存の材料では不可能なことを確かめて。それでようやく本格的に新しい材料の開発に移っていった。

新材料開発が進み、それを使って、部品の試作を繰り返し、その後にセラミックエンジンを組み立てて。実際にエンジンがバラバラにならずにちゃんと動くまでに5年かかりました。

このとき、昭和天皇がセラミックエンジンを見てみたいとおっしゃいましてね。急遽エンジンを組み上げて、鹿児島の工場に来られた天皇陛下の前で試走させました。

自動車部品の開発は、セラミック材料としての可能性を立証するためのものでした。それがすぐに商品になるなんて、うまい話はありません。部品を一つひとつつくり上げて、徐々に商品化していくしかなかったんです。

　金属だと熱でやられてしまう部品が、セラミックスならそうはならない。お客さまには「こんなことができるのか」と喜ばれました。でも、自動車部品というのは、本当に品質に厳しいんです。京セラにとっては初めての業界でしたから、自動車部品で培った品質保証能力は、その後、他にも活かされて役に立ったと思います。当時は大変でしたけど。

　自動車部品事業は、稲盛さんが言い出したことでした。ですから、定期的に状況報告が求められました。「何度も失敗して、やっとできました」と報告して喜んでもらったのはよかったんですが、事業になれば採算基準が問われます。

　京セラはアメーバ経営で部門採算を必ず出すわけですが、時間当たり採算というのがあるんです。社員の1時間当たりの労働付加価値です。売り上げから経費を引いて、残ったものを総労働時間で割ったとき、3000円以上ないといけない。時間3000円というのは、人件費に相当し、利益が0というレベルなんです。

　ところが、なんぼ計算しても、3000円ギリギリなんですよ。利益が出ない。歩留まりを上げ、経費も購入材料も抑え、時間も抑えて計算してみても3000円なんです。

　もうこれは怒られてもしょうがないと思いました。ウソをつくわけにはいかない。それで、「3000円で精一杯です」と言ったんです。

　雷が落ちるのかと思ったら違った。

「何？　3000円？　3000円も出りゃ、御の字や」

　これはうれしかった。こんなふうに言ってもらったら、もっと頑張らなきゃ、と思うわけです。でも、稲盛さんはわかってたんだと思う。もっと上がるはずや、と。

　実際、歩留まりは100％近くになり、量が増えて購入費の比率も下がり、最後は5000円から6000円まで行きました。稲盛さんの読みが当たっていたんです。

いい子になったらあかん、喜んで嫌われよう

ただ、普通は簡単に弱音を吐いたりしたら、怒られました。会議では机がコの字形に並べられ、奥に稲盛さん、両側に幹部が並ぶんです。稲盛さんの前には、おしぼりが置かれていて。

稲盛さんの真正面に座って報告をするんですが、おかしなことを言ったりしたら、おしぼりが飛んでくるんです。「バカかー!」と。それで、思わず避けると「避けるな!」と言われる(笑)。それで、まともにくらう。

こういう人だとわかっていますから、怒られるときは素直に怒られようと思う。逃げも隠れもしません。でも、その厳しさや激しさがやっぱり京セラの情熱であり、京セラの強さだったんですよ。

そしてコンパになれば、打って変わる。「山本、お前はな、お前はうちの会社に合《お》うとる」なんて言われるわけですよ。そうすると、またすっかりその気になっちゃうんですよ(笑)。

しかも、焼酎が入って、また熱い話が始まる。少々のことを言っても怒られない。だから、こんなことを聞いたことがありました。

「稲盛さん、こうせんといかん、ああせんといかんとばかり言っていたら、『あなたみたいな人は嫌いや』『お前は好かん』と言われることもあるでしょう」

すると、思ってもみない言葉が返ってきました。

「あったり前や。わしはどんだけ今まで敵をつくってきたか。でもな、人に好かれよう思ってな、調子のええことを言うたってあかんぞ。敵なんて、半分おって当たり前で、味方が半分おったら御の字や。それくらいのつもりでやらんと人生、間違うぞ」

いい子になったらあかんのや、喜んで嫌われようやないか、と。これは稲盛さんの教えやったですね。どうしてもいい子になりがちな自分がね、人間ありますんでね。嫌われてでも、貫かんといかんもんはいかん、と心に決めました。

もう一つ、私が尊敬するのは、「自分一人では大したことがない」というのを稲盛さん自身がわかっていることなんです。どれだけ自分が頑張ったところで、たかが知れている。じゃあ、どうしたらいいんやと。自分と同じ考えのやつをたくさん育てりゃあいいんやと。

これが稲盛さんなんですよ。そのためのフィロソフィであり、考え方なんです。わしはこういう考え方でやる。お前らもわかってくれ、と。そうやって、自分の考えに同調してくれる社員を増やしていく。そうして会社を強くしていく。みんなの力でやるから大きくなる。オレの言うことを聞いてりゃそれでいい、ではないんですね。

考えをわかってくれる同志を一人でも増やすんやと。そうしたら、そいつが頑張ってくれよる、と。コンパも使う。会議も使う。常にそれをやるわけです。

KDDIは、なぜ一つになれたのか

私は後に、京セラの副社長からKDDIに副社長として移りました。KDDIは稲盛さんが言い出してできた会社です。稲盛さんがつくった第二電電、通称DDI、国際電信電話のKDD、トヨタ系の携帯電話会社のIDOが合併してできました。

合併が決まったとき、経済雑誌にこう書かれました。「公家のKDD、野武士のDDI、官僚のIDO。これほど社風の違う会社が一緒になって果たしてうまくいくもんか」、と。腹が立ちましたけど、うまいこと言うなぁ、とも思いました。

実際、まるで社風が違った。そんな3社が関連会社合わせて1万4000人の会社になるわけですよ。その経営の中心を京セラが担い、その柱として京セラのフィロソフィを据えなければなりません。しかし京セラフィロソフィの導入にはDDI以外の2社の強力な抵抗がありました。当時の小野寺正《おのでらただし》社長と二人で決めたのは、こうなったら身を挺してやろう、ということでした。

毎回終業時間の6時から9時までの3時間、課長以上を12～13人集めて、会社で酒を酌み交わしたんです。ウイスキー、焼酎、ワイン、日本酒と乾き物を揃えて、どれを飲んでもいいよと。

十数人だから、けっこうみんな言いたいことが言える。「京セラフィロソフィってなんなんですか」「そんなのを強制するのはおかしいんじゃないですか」「いやいやおかしくないよ」「よく考えてみいや」とか言いながら、ワイワイやる。

1年2ヵ月かけて、合計35回、課長以上400人と会いました。酒飲むだけだから気楽なもんだと思われるかもしれんけど、とんでもない。どれだけしんどかったか。でも、これをやったらね、みんなわかってくれたんです。

それから稲盛さんを呼んで講話をしてもらって。立食パーティを開いて稲盛さんに回ってもらって。京セラフィロソフィをわかってもらっていますから、その生みの親をみんなが取り囲むわけです。稲盛さんも一生懸命、全力を込めて話をする。こうして、どんどん一体感ができていったんです。

それからアメーバ経営も取り入れた。それぞれの部門が今月どれだけ売り上げて、どれだけの経費を使い、どれだけの時間を働き、その結果、時間当たりいくらの費用になるかを毎月、出せるようになる。

翌月には、すぐわかります。京セラの場合、現場の作業員でも自分のやっている仕事について、何をどういう目標でやっているかをわかっています。目標に到達できたかどうかもわかっている。

ところが、合併した他の2社にはそれがなかった。私は四半期決算が出るたび北海道から沖縄までの支社を回って、この四半期はこういう実績だったと説明していきました。そうすると、こんなの聞いたん初めてや、と言われるわけです。

会社の決算発表が出たって見もしない。会社も教えようとしない。でも直接、説明してもらったらわかる、というんですね。ああ、こら頑張らんとあかんな、とか、今調子いいな、とか。だから、これを浸透させた。ＫＤＤＩの経営数値の細かなことでも、みんなわかるようになった。

ＫＤＤＩ発足時、有利子負債は2兆４０００億円あったんです。当時の利率では、年間４００億～５００億円の利子を払わなければいけなかった。連結の経常利益が１５００億円の会社ですよ。１年の半分近くを銀行への利払いのために働いているようなもんです。

こういうことも全部、伝えた。「こんな会社、いい会社やと思わんやろ」「いい会社にしようや。借金減らそうや。そのためには経費もちょっと削ろうや」と言って回った。

私が辞めるとき、借金は６０００億円まで減っていました。やれば、できる。情熱さえあれば、できるんです。

（２０２２年４月）

山本正博　やまもと・まさひろ

１９４２年、大阪府生まれ。大学卒業後、旭化成に勤務し、'77年に京セラに中途入社。セラミックスの優れた耐熱性を活かした自動車部品の開発に携わり、京セラの自動車部品事業の基盤をつくる。事業部長、取締役、副社長を経て、２００１年から'07年までＫＤＤＩの副社長を務めた。

第6章

心を一つにする

強い信頼関係で、ベクトルを合わせる。

1966年、会社の運動会で
うどんの早食い競争に参加する稲盛(左)。
大得意だった。

人の心と心の絆に頼る経営

ホノルル日本商工会議所が「Inamori Forum」(２００９年5月12日)を主催。稲盛の講演テーマは「従業員を大切にするパートナーシップ経営」だった。

１９５９年、従業員28名、資本金３００万円、間借りの社屋で京セラを創業いたしましたが、経営者である私には経営の経験も知識もありませんでした。そのため、「経営において確かなものは何だろうか」ということに絶えず頭を悩ませていました。若年で技術者上がりでありながら、経営者としての責任を果たさなければならない私は、経営にあたる責任の重さに、眠れない夜が続いたのです。

悩み抜いた末に、「人の心」が一番大事だという結論に至りました。歴史をひもとくならば、人の心が偉大なことを成し遂げたという事例は枚挙にいとまがないくらい存在します。

例えば、日本に近代化をもたらした明治維新という革命にしても、あるいは米国の建国にしても、人々の志と団結心がベースとなり、成し遂げられたものです。また逆に、人心の荒廃が組織や集団の崩壊を招く遠因となった事例も、私たちは数多く知っています。

うつろいやすく不確かなのも人の心なら、ひとたび互いが信じ合い通じ合えば、限りなく強固で信頼に足るのも人の心なのです。

ヒト、モノ、カネといった経営資源も少なく、また会社の信用度や知名度もない、まさにないないづくしの状況で、会社が生き延びていくためには、信じ合える仲間をつくり、その心と心の絆に頼るしかなかったのです。

また、創業してまもなく、企業経営にとって最も大切なことが、この心をベースとする経営であるということ、また企業経営の真の目的について、改めて私自身に問う事件がありました。

設立2年目に、高校卒の新入社員を10名ほど採用し、彼らが1年あまり働き、「少し仕事も覚えたかな」と思い始めたときに、彼らは私のところへ連判状のような書状を持って、団交を申し入れてきました。その書状には「将来にわたって、昇給は最低いくらすること、ボーナスはいくら出すこと」という、待遇保証の要求が連ねられていました。

私は、彼らを採用する面接試験のときにも、「何ができるかわからないが、一生懸命頑張って立派な企業にしたいと思っている。そういう企業で働いてみる気はないか」と彼らに話をしました。それを承知の上で入社したはずなのに、1年早々で会社に要求書を突きつけ、「将来を保証してもらわなければ、我々は会社を辞める」と言ってきたのです。

私は「その要求は受けられない」と彼らに答えました。会社を始めてまだ3年目で、私自身会社の前途に対して、確信らしいものを持っていません。「とにかく必死でやれば何とかなるのではなかろうか」という程度のことでしか将来を描けないのに、彼らを引きとめるために、将来にわたる労働条件を保証すれば嘘になってしまいます。私には、できる自信も見込みもないことを保証することは、どうしてもできませんでした。

話し合いは、会社では埒が明かず、当時私が住んでいた市営住宅まで持ち越しましたが、彼らは頑として応じず、三日三晩に及びました。私がいくら話しても、彼らは「資本家はうまいことを言って労働者をだます」と言い納得しません。そこで私は、次のように説きました。

「私は、自分だけが経営者としてうまくいけばいいという考えは毛頭持っていない。

入社した皆さんが心からよかったと思う企業にしたいと思っている。それが嘘か真《まこと》か、だまされたつもりでついて来てみたらどうだ。私は命を賭してもこの会社を守っていく。もし私がいいかげんな経営をし、私利私欲のために働くようなことがあったら、私を殺してもいい」

そこまで話をした結果、彼らは要求を撤回し、会社に残り、以前にも増して骨身を惜しまず働いてくれるようになりました。

この事件は、私に企業経営の根幹について気づかせてくれる契機となったのです。それまでの私は、技術者出身の経営者として、「自分の技術を世に問いたい」ということを会社設立の直接の動機としていました。また、私は7人兄弟の次男で、郷里に住んでいる親兄弟の面倒を見なければならない立場にもありました。それもまだ十分にできていないのに、赤の他人である従業員の将来の保証までしなければならないということを、私は初めて理解したのです。

そのとき私は、「とんでもないことを始めてしまった」とつくづく思いました。そこで初めて、企業経営の根幹とは「経営者が自分の夢を実現するのではなく、現在はもちろん将来にわたり、従業員やその家族の生活を守っていく」ことにあると、気がついたのです。

それは、当時の日本には、「企業は終身雇用制が当たり前だ」という、漠然とした社会通念が存在していたからでもありました。

そのようなことから、私は、「全従業員の物心両面の幸福を追求する」ということを筆頭に掲げ、さらに社会の一員としての責任を果たすために、「人類、社会の進歩発展に貢献すること」という一項をその後に加え、京セラの経営理念としました。

それから半世紀以上が経過した現在、この「全従業員の物心両面の幸福」を冒頭に謳った経営理念に従い、人の心をベースに経営を進めてきたことが、現在に至る京セラの発展をもたらしたのだと私は固く信じています。

つまり、心の通じ合える仲間との固い絆をよりどころとして創業し、その後も同志的結合を企業経営の基盤に据えてきたことで、経営者である私自身も私心を離れ、従業員が幸福になれるよう、全力を尽くすことができました。だからこそ、従業員も会社に全幅の信頼を置き、その持てる力をいかんなく発揮してくれたのです。

京セラが厚い内部留保にこだわる理由

私はまた、「全従業員の物心両面の幸福を実現する」ため、高収益経営に努めてきました。多くの企業が数%の利益を出せば十分と考える日本の産業界の中にあって、常に2桁以上の税引き前利益率を当たり前とする、高収益経営を目指してきました。

「利益とは、売り上げから経費を差し引いたものである。そうであれば、売り上げを最大にし、経費を最小にする努力を払うことが重要であり、その結果として、利益は後からついてくる」と考え、徹底して、売り上げ最大、経費最小の経営に努め、最大では40％を超える税引き前利益率を実現しました。

また同時に、そのような高収益で得た利益を、内部留保として、営々と企業内に蓄積してきました。その結果、京セラを、日本有数の高収益企業にするとともに、公認会計士から「美しい」と表現されるほどのバランスシートを実現した、豊かな財務体質を誇る優良企業とすることができたのです。

このような厚い内部留保のために、京セラは不況が長期化し、仮に赤字がしばらく続いたとしても、銀行から借金をすることなく存続し続けることができるのです。

こうした私の経営は、ＲＯＥ（自己資本利益率）を重視する米国の投資家からは、批判を受けてきました。「ＲＯＥを上げるには、利益を貯め込むのではなく、株主還元を図り企業買収や設備投資などに努め、自己資本を小さくしなければならない」というのです。

しかし私は、そのような意見には一切耳を傾けませんでした。短期的に株を保有する人たちのことを考えれば、確かに株主への配当を増し、ＲＯＥが高いほうがいいでしょう。一方、長年にわたる従業員の物心両面の幸福のために、会社を安定して経営し続けていかなければならないという立場に立てば、いかなる大不況が押し寄せてきても耐えていける強い財務体質を実現することが、何よりも大切なことです。

つまり、ＲＯＥ重視の経営とは、株主を大切にする短期的な経営なのですが、私の経営とは、あくまでも従業員を大切にする、長期的な視点に立った経営なのです。しかし、そのような私の経営も、決して株主軽視の経営ではありません。従業員を大切にし、その力を最大限に発揮してもらうことで、企業が持続して成長発展を重ねることができる。それこそが長期的には、株主の利益の最大化にもつながるものと確信しています。

私の「パートナーシップの経営」とは、このように心と心で結ばれた、経営者と従業員との信頼関係を企業内に実現するものでしたが、それは決して従業員と馴れ合ったり、また労組に迎合したりするものではありませんでした。常に高い目標を掲げ、その実現に向け、経営者と従業員がともに手を携え、全力を尽くしてきました。

そのような高い目標を掲げ、同じ思い、同じ考え方を共有し、ともにその実現を目指していくことを、私は「ベクトルを合わせる経営」と呼んできました。会社がどの方向に向かうのか、経営者が明確な経営目標を指し示すことによって、まるでレンズが光を収束するように、従業員の持てる力を目指す方向に揃え、最大限に発揮できるよう努めていかなければならないのです。

そのとき一番大事なことは、「考え方」を合わせることです。生まれも育ちも異なる人たちが集まって組織を構成していくわけですから、「京セラという会社はこういう考え方で経営していきます」ということを、経営者が従業員に説き、共鳴してもらわなければならないのです。

それは決して簡単なことではありません。私はことあるごとに、従業員をつかまえては、「会社をこうしていこうと思う。そのためには、こういう考え方を持って、仕事にあたらなければならない」という話をしました。すると、目をイキイキとさせて、うなずいてくれる者がいるかと思うと、虚《うつ》ろな目をしてわかっていそうもない者もいる。私は、全員が心底納得して相槌を打ってくれるまで、何時間でもかけて必死で話をしました。

そんなことに時間を使うより、従業員には少しでも仕事をさせたほうが得策だと考えがちですが、私はその人が同じ考え方を共有できるまで話をし、それでもどうしても共鳴してくれない、つまりベクトルが合わない人については、お互いに不幸であるからと、会社を辞めてもらうこともありました。私は、それほど企業内のベクトルを合わせることに力を注いできたのです。

そのようにして、私の考え方や思いを懸命に伝えていった結果、「あなたとなら、どんな苦労でもする」と言ってくれるような、素晴らしい人間関係を社内につくり上げられたと思います。

また、強固な信頼関係があればこそ、従業員は誰にも負けない努力で仕事に励み、どんな苦労も厭わず次々と新しい分野に挑戦、成功させていきます。その結果、年々歳々会社を成長発展させることができたのです。

労使の信頼関係があればこそ、不況も乗り越えられる

やはり、苦楽をともにできる、心が通じ合える従業員を育んでいくことが、企業経営ではまずは大切になってきます。特に不況のときにこそ、企業内の人間関係が問われてきます。その意味で、不況には労使関係をはかるリトマス試験紙のような効果があると、私は考えています。

厳しい経営状況に直面し、従業員にもつらいことをお願いしなければならない、その苦しいときにこそ、従業員との真の関係が露《あらわ》になっていくのです。また、そのよう

に働く人たちの思いを確認できるのみならず、その関係をより強固なものにしていくことができるのも、不況のときなのです。

私はこれをまざまざと体験したことがありました。それは、1973年10月の第一次オイルショックを受けた、私がまだ40代前半の頃のことでした。オイルショックの翌年早々から、景気はつるべ落としに悪化していきました。

京セラの例をあげれば、1974年1月に27億5000万円あった、ひと月当たりの受注金額が、わずか半年後の7月には、2億7000万円にまで落ち込みました。つまり、およそ10分の1にまで受注が激減し、製造現場では9割もの従業員が余剰となってしまったのです。

1割に減った生産を全員で行えば、生産性が大きく落ちることになります。日頃懸命に生産性の向上に努め、ようやく実現した効率的な生産体制を維持するため、私は10分の1になった生産を10分の1の人の手で行うことを決めました。そして、余った人たちには、交替で工場内の清掃、花壇の整備、運動場の整備、さらには教育研修活動に従事してもらいました。

さらには、社長である私以下、係長までの管理職全員の賃金カットを実施しました。社長の私は30%、一番少ない係長で7%の賃金カットでした。

しかしなお、当時の日本は高度成長下にあり、毎年大幅な賃金上昇が続いていました。賃金カットをしたものの、翌年のベースアップの時期が目前に迫っており、私は1974年暮れ、京セラの労働組合に対し、賃上げ凍結の要請をしました。

すると、組合は、労使が一心同体であることをよく理解し、翌1975年3月、賃上げ凍結の申し入れを了承してくれたのです。当時、日本の多くの企業では賃上げ問題等で労使間に不協和音が生じ、労働争議が頻発していました。そのなかで京セラは、いち早く労使が協調して、賃上げ凍結を打ち出したわけです。

京セラ労働組合の上部団体は、京セラ労組の決定を批判し、圧力をかけてきました。しかし、京セラ労組は断固として屈せず、「我々は労使同軸で企業を守っていこうと考えている。現在、会社をとりまく状況を見れば、賃上げ凍結も無理はない。そのことが受け入れられなければ、袂《たもと》を分かつ他はない」と、上部団体を脱退してくれたのです。

私は心から感謝し、その後、景気が回復し、会社業績も向上するとともに、定期賞与を大幅に上積みするのみならず、臨時賞与の支給にも踏み切りました。さらに翌1976年には、前年の賃上げ凍結分を加算し、2年分、約22％の昇給を発表し、従業員、労組の信頼に応えました。

このようにして、不況を通じ、労使間の揺るぎない信頼関係を確認できるとともに、その間1975年9月には、京セラの株価がそれまでトップを走り続けていたソニーを抜き、日本一の高値を記録したのです。これも、従業員と心を一つにして、ベクトルを合わせる経営を行ってきたことが成し遂げたものであろうと考えています。

―インタビュー―公益財団法人稲盛財団 元総務部長 理事長秘書 片岡登紀子

行事の当日を迎えると、大きな一体感が生まれる

緊張感が漂うときと、あったかくてチャーミングなときと

大学を卒業した1984年は、女子大生の就職はなかなか難しい時代でした。そんなときに、隣の研究室の人が内定をもらっていたのが、京セラでした。

そんな会社があるんだ、と気になっていたとき、父が経済誌の「週刊ダイヤモンド」を持って帰ってきました。その表紙が、たまたま稲盛名誉会長（当時社長）だったんです。「京都にものすごい経営者がいるんや」と父に教わって、それならと受けに行きました。

最初は総務部広報課に配属になり、1995年の6月に秘書室に異動。別の役員の秘書業務をしていました。その後、名誉会長の秘書グループに異動になり、スケジュールを管理したりする秘書とは別の、さまざまなプロジェクトをサポートする仕事を4年弱。それから稲盛財団に出向して、2020年に定年退職となりました。

名誉会長を初めて間近に見たのは、入社後の新入社員研修が終わったあと、女子社員50人ほどでコンパが行われたときです。名誉会長が「女性の新入社員ともぜひコンパをしよう」と、時間をつくられたと聞きました。

だんだんと名誉会長のテーブルのまわりにみんなが集まって、車座状態になっていったのを覚え

ています。やっぱり当初は怖いイメージがありましたね。なんといっても、超成長企業の社長で、ベンチャーの雄と評判の方です。厳しそうやな、と思いました。

当時、総務部は本社の1階にあって、2階が社長室だったんですが、ほとんどお会いすることはありませんでした。ただ、ときどき仕事をしていると、なんだか後ろの空気が急に変わることがあって。

振り返ると、私の上司のところに名誉会長が何か話を聞きにいらしていて。上司も緊張していましたが、恐れているというよりは、強い敬意を持っているという印象でした。

秘書室に異動になってからは、お見かけすることが増えたんですが、やはり迫力がありました。執務中は相当に集中されているわけです。ずっと考えているときなど、目が違う。

一方でコンパだったり、慰安旅行だったり、会社の中でわりとゆっくりしているときには、冗談も出てきたりして、本当にあったかくてチャーミングだったりするんです。

広報から秘書室に異動になったとき、「今度、秘書室でお仕事をさせていただくことになりました」とご挨拶に行くと、「そうですか。憧れの方に来ていただきましてありがとうございます」とにっこり微笑みながら言葉が返ってきて。

こちらの気持ちをほんわかさせるような冗談を言ったりされる。もちろん経営トップは雲の上の人なわけですが、このひと言で気持ちがほぐれました。

緊張感が漂うときと、あったかくてチャーミングなときと、ご自身の中で、わざと変えているわけではないと感じていました。それでも、集中されているときと力の抜けたときと、メリハリがものすごく大きかったことは印象に残っています。

そういえば秘書時代、社長室から大きな怒鳴り声が聞こえてきたことがありました。幹部が怒られるときは、完膚なきまでに怒られると聞いていましたが、本当に部屋の外まで大きな声がガンガン聞こえてくるんです。

厳しいなぁと思ったんですが、何年かすると、名誉会長にそうやって直々に怒られたことを結局、皆さん自慢されていたように思います（笑）。厳しい方ではありますが、やっぱりあったかいんだと思います。

何ヵ月も前から運動会の応援合戦の練習を

実は、入社したとき、これは3ヵ月で辞めることになるんやないか、と思いました。軍隊式の朝礼とか、当番制のトイレ掃除とかがあり、ものの使い方ひとつとっても、なかなか細かくて厳しいわけです。

人はものすごくあったかくて、いい人ばかりだな、と思ったんですが、私にはこの社風はしんどいな、と感じていました。ところが3ヵ月を乗り越えると次の1年が乗り越えられ、1年乗り越えると3年、10年と乗り越えられていって。

担当している仕事が次々に目の前にやってきて、それをなんとかクリアしようとしていたら、あっという間に月日が経っていました。

入社後、抵抗があったものの一つに、運動会がありました。休むなんてありえない感じでした。しかも、チーム対抗でやるんですが、もう真剣そのものなんです。応援合戦まであって。

それこそ高校の文化祭とか体育祭なみに、事前に練習をするんです。応援合戦も、何ヵ月も前から毎晩、練習をする。仕事が終わってからです。疲れて早く帰りたいのに、練習も出ないといけない。日曜日にリレーのバトン渡しの練習まであったりしました。最初は、とんでもないな、と思いましたね。

でも、準備をしていたときは抵抗があったんですが、実際に当日を迎えると、ものすごく盛り上がるんです。本当に高校時代みたいに。それこそちゃんと練習をしているから、それなりにレベルも高い。だから、みんなとても楽しんでいて。

年1回でしたけど、どうして運動会が開かれたのか、その意味はよくわかります。それは、心を一つにするためだったのだと思います。練習はきついなぁ、休みの日なのになぁ、と最初は思っていても、当日を迎えると大きな一体感が生まれるんです。

私が入社する前は、名誉会長も競技には実際に出られていたそうです。うどんの早食い競争がお得意だという話も、諸先輩方からよく聞かされました。実際、お昼をご一緒したりしても、麺類を食べるのは、ものすごく早かった。昔から鍛えておられたのかもしれないです（笑）。

私が運動会の名誉会長を覚えているのは、審査席にいらっしゃる姿です。でも、お昼になるとそこから出てきて、あちこちと回られる。みんながご飯を食べているところで一緒に食べたり、一緒に写真を撮ったり。応援にも参加したりして、すごく楽しまれている様子でした。

もう一つ、運動会は本社だったり、全国の工場だったり事業所だったりで、それぞれ開かれていたんですが、例えば本社でも、総務にいたら、他の部署の人とはなかなか話をする機会はないんですね。営業の人との接点はそれほどないわけです。

しかし、運動会もそうですし、いろいろな行事があれば、いつも一緒に仕事をしている人たち以外の部署の人たちとも仲よくなれる機会にもなります。そうすると、やっぱり仕事はやりやすくなるんです。これも魅力でしたね。

忘年会のゲームで思い切り叩かれた

慰安旅行は一度、鹿児島に2泊で行ったことを覚えています。ちょうど夏でしたが、名誉会長は水泳がお好きで海水浴にも行きました。磯庭園《いそていえん》と呼ばれている有名な島津家別邸の仙巌園《せんがんえん》の前に浜があって、そこで泳いだんですが、みんなが着替えて出ていくと、名誉会長は一番に着替え終えて浜に出ているんです。

しかも、よく見ると顔が白い。日焼け止めを塗ってはるんですけど、ちゃんと伸ばしていなかったんです（笑）。このときは、地元の若い人から借りてウインドサーフィンにもチャレンジされていました。

そして夜はコンパで、みんなで一緒にご飯を食べて盛り上がる。一部の何人かは、名誉会長のお部屋に行って、また飲んだりする。名誉会長には慰労の気持ちもあったのかもしれませんが、やっぱり旅行も心を一つにすることができる場だったと思います。

私は行っていませんが、鹿児島以外でも、黒部ダムに行ったり、若狭に海水浴に行ったり。白樺湖に行ったときには、名誉会長が自ら車を出して運転したという話も聞きました。一体感をつくるのに、名誉会長は慰安旅行をとても大切にされていたんです。

あと行事で印象深いのは、慰労会、特に忘年会です。名誉会長は昔は工場はもちろん、営業のコンパにもすべて出られていたと聞いています。私が印象深い忘年会は、秘書室や稲盛財団など名誉会長のすぐそばで仕事をしている70名ほどの会でした。

これが、単に飲んでいるだけではなくて、何か余興を必ず入れるんですね。紙飛行機を折って飛ばして滞空時間を競うとか。こういうものを必ず先頭に立って楽しんでいたのが、名誉会長でした。

忘れられないのは、ジャンケンをして勝ったほうが新聞紙を丸めたもので叩く、負けたほうはざぶとんでガードする、というゲームでした。叩いてかぶってジャンケンポンと呼ばれていましたが、これで名誉会長がジャンケンに負けて、ガードできなかった名誉会長を思い切り叩いた社員がいたんです。

バーンと思い切り叩かれたわけですが、名誉会長が怒ったりすることはありませんでした。それどころか、「ああ、負けた」と笑いながら思い切り悔しがっている。とにかく楽しむんです。「君たちで楽しみなさい」という感じではない。自分も参加して、積極的に楽しむんです。

みんなで集まって盛り上がって一体感を持つのが、そもそもお好きなんだと思います。

歴代の秘書が囲む会に1時間早くやってきた

忘年会もＪＡＬの会長に就任されてからは、なかなか難しくなりました。そしてＪＡＬでたいへんな苦労があったのではと、かつて名誉会長の秘書を務めた女性たちが実は心配していました。

テレビで見ても、心労が伝わってきたというんですね。ぜひもう一度、お目にかかりたい、名誉会長を囲みたい、と。

それでＪＡＬから戻って少し経ったときに、お願いをしたことがあったんです。ぜひ一度、かつての秘書が名誉会長を囲む会をさせてほしい、と。そうしたら、快く「いいよ」と言ってもらえて。

かつての秘書の皆さんは、職場が変わっていたり、また大半が退職されていたりしたのですが、声をかけると30名ほどが集まりました。それで京都市内のホテルに会場を設けて、囲む会を開くことにしたんです。

名誉会長はちょうど仕事の日でしたので、お昼12時に始めようとしていたんですが、名誉会長、もう11時には来てしまわれたんです。秘書に聞くと、「もう行こうと言われた」ということでしたが、私たちはまだ着いていません。

部屋に行くと、正面にもう座られていて、「やあやあ」「写真を撮ろう」と声をかけられて。秘書の皆さんが名誉会長をお迎えするつもりだったのに、逆になってしまった。自分がホストになって、先頭に立って秘書の皆さんをもてなしてくださったんです。集まった秘書の皆さんは、本当に感激されていました。

長く近くで仕事をしていて強く感じたのは、誰に対しても何に対しても、等しく公平で同じように正面から向き合っていく姿勢でした。

もちろん大きな事業の始まりや、合併のような大事な仕事もあるわけですが、日常で私たちが関わるようなちょっとした仕事についても、とにかく真剣に向き合う。細かなところまで、気を配る。必要なら自ら確認するし、指示を出す。

仕事の重要性とか取引の金額の大きい小さいとか、取引があるかないかとか、そういうことは関係がないんです。

また、自分で「たしかに、そうやな」と思ったら、そこはきちんと対応していただける。実は昔、写真撮影がお好きではありませんでした。カメラマンが1、2枚撮ると、「もう、ええやろ」と言って帰ろうとする。

ところが私が撮影の担当になったとき、雰囲気を変えようと撮影場所を手配したり、奥さまとネクタイを相談したり、服のシワに注意したり、あれこれと動いていたら、そのうちに様子が変わりました。撮影で笑顔が出てくるようになったんです。

こいつも一生懸命頑張ってんねんから、相手をしないかんな、と思われたのかもしれません。とてもありがたいことでした。多くの社員に、私と同じように自分だけの名誉会長とのエピソードがたくさんあると思います。

（2022年4月）

片岡登紀子 かたおか・ときこ

1959年、大阪府生まれ。大学卒業後、'84年に京セラに入社。総務部広報課を経て秘書室に配属。稲盛和夫が手がけるさまざまなプロジェクトをサポートする業務を4年間担当する。その後、公益財団法人稲盛財団に出向し、総務部長に就任。財団においても、理事長である稲盛の秘書を20年間務めた。

第7章

渦に巻き込む

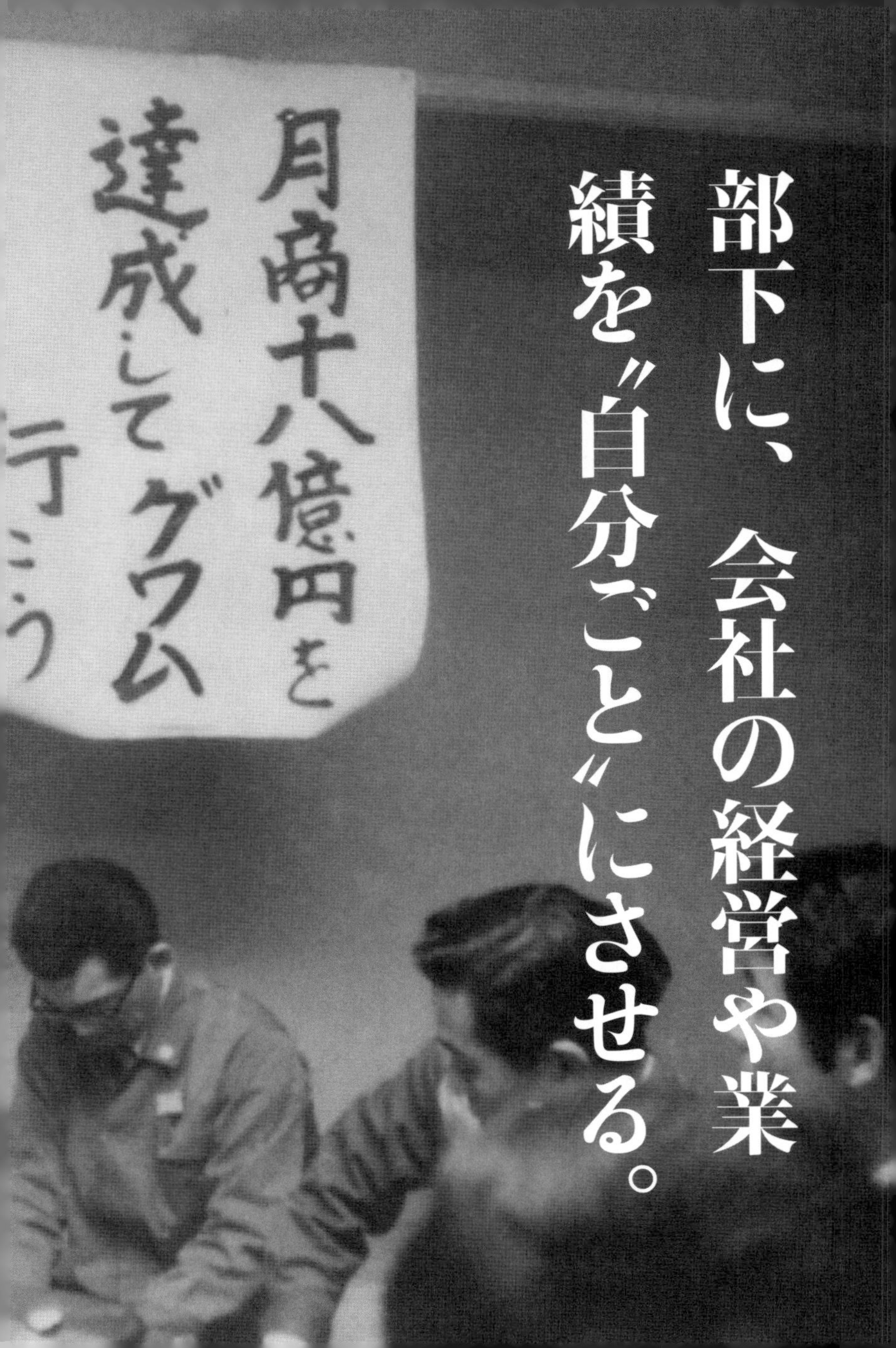

部下に、会社の経営や業績を〝自分ごと〟にさせる。

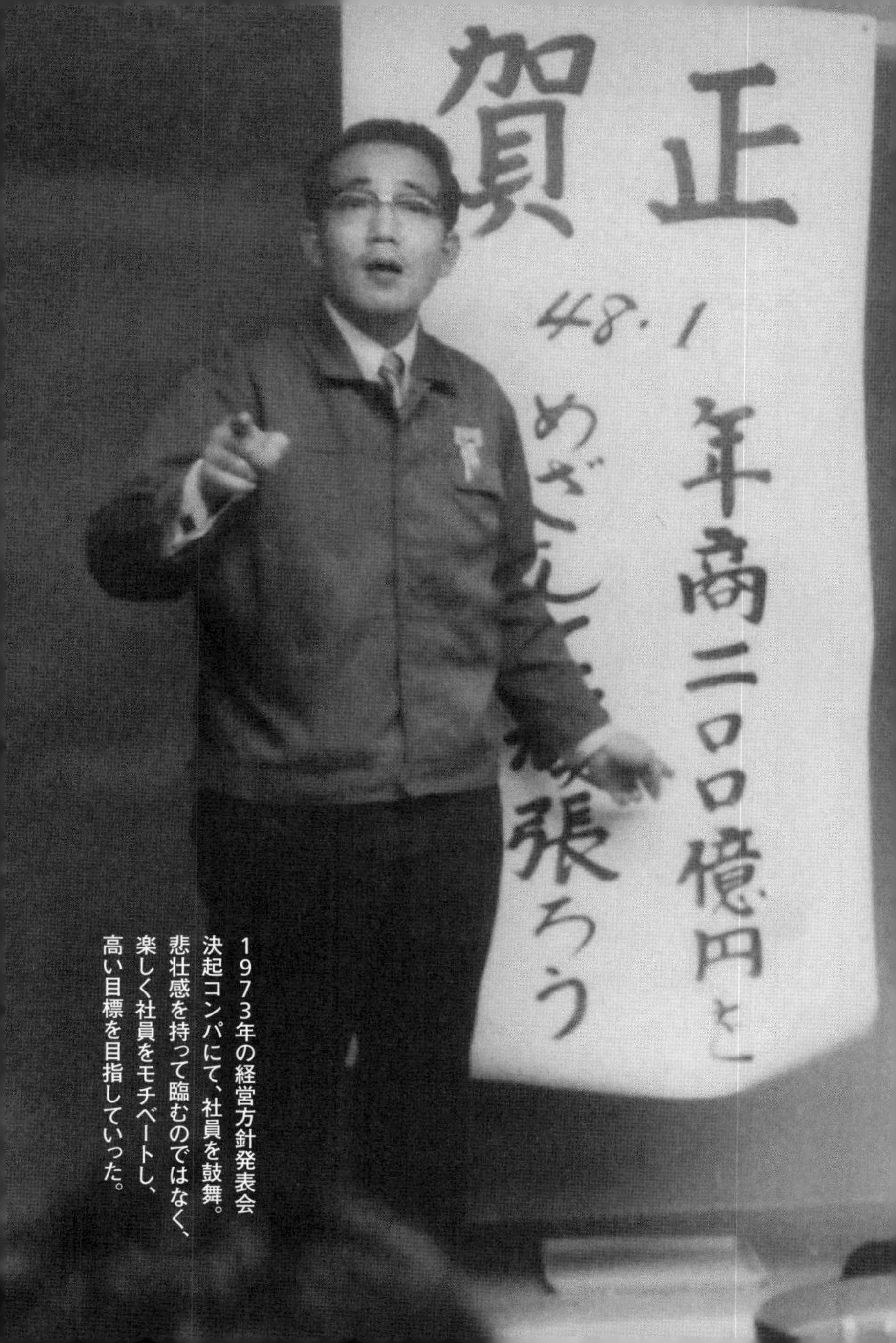

1973年の経営方針発表会
決起コンパにて、社員を鼓舞。
悲壮感を持って臨むのではなく、
楽しく社員をモチベートし、
高い目標を目指していった。

一人ひとりが当事者意識を持つ会社に

２０１５年12月22日、盛和塾東日本地区忘年塾長例会での稲盛の講話では、部下の自主性を引き出すことの意義が説かれた。

リーダーは、目標を達成する方法を部下に明確に示すと同時に、そのことを通じて、部下にできるという自信を持たせるようにしなければなりません。幹部社員をはじめ、全従業員と目標を共有し、シミュレーションした目標達成に至るプロセスを説明したうえで、それが必ず成功するのだということを、全員に信じ込ませなければなりません。それだけの雰囲気を、社内に醸成していかなければならないのです。

リーダーが強烈な願望を持ち、高い目標を掲げても、その集団のメンバーがその目標の実現を自分のこととしてとらえ、懸命に努力してくれなければ、決して目標は達成できません。

そういう意味では、リーダーは集団の心をとらえることができなければなりません。

自分が設定した目標を、集団の全員に「何としても達成しよう」と思わせることが重要です。つまりリーダーは、集団に生命を吹き込み、全員のベクトルを合わせ、目標に邁進させることができなくてはならないのです。

目標を共有する具体的なしくみとしては、会社全体の経営目標を組織ごとにブレークダウンし、組織の最小単位に至るまで明確な目標数字を示し、一人ひとりの社員にとって明確な指針となるように細分化することが考えられます。経営目標を、社員一人ひとりが具体的に理解できるように、細分化して指示しなければならないということです。

また、年間の目標のみならず、月次の目標も設定し、各人が月々の、また日々の目標を正確に認識し、着実にその目標を果たせるようにしなければなりません。そうすることで、一人ひとりのメンバーが「自分の目標はこうであり、自分は今、その目標に対して、どの程度進捗している」ということが明確にわかるようになり、自主的に、また自信を持って目標達成に邁進できるようになっていくはずです。

部下の意見を聞き、正しければ採用する

目標を達成するための方法について部下の意見を聞き、それが正しければ採用する

ということも大切です。これは、よいアイデアを採用すると同時に、部下に経営への参画意識を持たせるということです。

目標設定にあっては、目標達成に至るプロセスも含めて、リーダー自身がその中心とならなければなりませんが、同時に、幅広く部下の意見を聞き、衆知を集めなければなりません。つまり、トップダウンだけで決めるのではなく、目標を達成するための計画策定段階から部下を巻き込み、「自分たちが立てたものである」という意識を全員に持ってもらうようにするのです。

そのためには、日頃からリーダーが意識して、社員の間から建設的な意見が自由闊達に出るような社風をつくっていく努力をしなければなりません。

普通、企業の組織体系はトップに社長、次に専務、常務といった役員が続き、その下に部長、課長、一般社員というピラミッド型になっており、上から下へという上意下達の指揮命令系統になっています。しかし、私の場合には、京セラ創業当時に、28名の仲間みんなで一緒に経営をしていこうと考えました。つまり、「全員参加で経営をしよう」と言ったのです。

人は、「上から指示されたから仕方なく」と思いながら仕事をしがちです。つまり、自ら設定した目標に従って任務を遂行しているわけではありません。そうすると、言われたことを怒られない程度に実行すればいいだろうという消極的な姿勢をとるようになってしまいます。

それとは逆に、私が社員に対して、「皆さんもぜひ知恵を出して、私と一緒になってこの会社の経営を考えてください」と言って参加を求めていったことで、皆「社長は私にこんなに期待してくれているのか。それならば私も、この会社がどうすればうまくいくのかを考えて、期待に応えていこう」と、自分から経営に参加し、会社を少しでもよくしていこうと、活発に意見を出してくれるようになったのです。

そのように常に社員の意見に耳を傾け、衆知を集めることがベースですが、同時に、あえてトップダウンで方針を決めていくことも、ときには必要です。例えば、部下を集め、意見を聞いたうえで立てた計画が、目指すべき目標とあまりにも乖離していた場合には、トップの意志として、高い目標を設定し直すということもしなければなりません。

しかしその場合でも、なぜそのような目標を目指さなければならないのかを懇々と部下に説明し、部下が当事者意識を持って、納得してその目標を受け入れるまで徹底的に話し込んでいくことが必要です。

一部の幹部がいくら采配を振って経営に全力を尽くしても、たかが知れています。

会社にすむ従業員一人ひとりが自主的に創意工夫に努めることが何よりも大切です。開発、製造、営業、間接も含めて、全部門の全従業員が総力をあげて、会社のことを一生懸命考え、日々仕事にあたってくれている。そのように、全従業員が持てる才能をフルに活用していく会社にしなければ、決して高い目標を実現することはできないと私は思っています。

思いやりのある目標でないと、全員に共有されることはない

盛和塾中部東海地区合同塾長例会（2004年5月18日）にて稲盛が語ったのは、社員と事業の目的や意義を共有することの大切さ。

企業経営をする場合には、具体的な数字目標を立て、トップ自らがその達成のために率先垂範し、強い願望を持ち、誰にも負けない努力を続けなければなりませんが、いくら一人で頑張っても限界があります。そのため、事業の目的、意義を明確にしたうえで、それを従業員と共有し、一緒に頑張ってもらうのです。

つまり、「わが社の経営の目的は、全従業員の物心両面の幸福を追求し獲得することにある。そして同時に、人類、社会の進歩発展にも貢献する。この目的のために売り上げを増やし、利益をあげていきたいと考えている。皆さんのため、また世のため人のためにそうしていくのだから、皆さんもぜひ協力をしていただきたい」と従業員に話し、立てた目標を社長だけのものではなく、全従業員の目標にしていかなければ

ならないわけです。

それによって、従業員も「なるほど社長の言う通りだ。会社が立派になり、利益が出れば、我々の待遇もよくなっていく。事実、過去もそうしてもらった。であれば、今後も我々は喜んで売り上げを少しでも増やすように、また経費を少しでも抑えるように協力します」と言ってくれる。社員もパートさんも、会社に勤める全員が、売り上げを最大に、経費を最小にすることに関心を持ち、社長が持っている目的・目標を共有してくれるのです。

経営をしていくには、このように従業員を巻き込んでいかなければなりません。従業員たちを「社長、あなたの言う通りだ。だから我々もそれに協力しましょう」という気持ちにさせなければ経営にはならない。トップ一人が必死になって、力んでやってみたところで知れています。中には、トップが力んでやればやるほど従業員が白けてしまうことだってあります。「社長が勝手に旗を振っているだけだ。頑張って売り上げを増やせ、経費を減らせと一生懸命に言っているが、そうして儲かったお金は結局自分のものにしている。この会社は社長のものだから、自分が儲けたいがために我々をだまして、ガンバレと言っているのだ」ととられてしまうこともあります。だから、私のつくった経営12カ条（注・稲盛が経営に携わる中で体得した実践的な経営の原理原則を12

項にまとめたもの。156ページ参照）の1番目にありますように、事業の目的、意義を明確に決めて、それを社員に宣言しなければならないのです。

「私が会社を経営する目的は、私だけがよくなろうということではない。社長である私も幸せになりたいと思っているが、その私を含めた全従業員を物質的にも精神的にも幸せにしたい。それが私の目的です。その目標を達成していくことは、皆さんのためにもなることなのです。だから、ぜひとも協力をしていただきたい」、また、例えば、「この会社はお祖父さんがつくったもので、これまで長い間家業としてきたけれども、今後近代的な経営をするために、企業の目的をみんなが幸せになるためにと明確にし、従業員の皆さんと一緒に実現していこうと思う」というように、改めて企業の目的、意義を話すことで、従業員たちも「わかりました。社長が言う通り、我々も協力しましょう」となってくれるはずです。そして「来月はこれだけの売り上げを達成しましょう。経費はこれだけに抑えましょう」と数字をあげて話をする。月初めに従業員に数字を見せながら「こういう方針でいきますよ。協力してください」とはっきり言うことが大事になります。

しかし、数字を使いながら、従業員たちに今のような話をしたとしても、実際に達成することは容易ではありません。数字を達成していくためには、経営12カ条の7番目に「経営は強い意志で決まる」とありますように、岩をも穿つような強い意志が必要です。いくら目標を立ててみたところで、ナマクラな人間では達成できません。

同時に、経営12カ条の8番目に書いてありますように、「燃える闘魂」が必要です。経営には、どんな格闘技にも勝る激しい闘争心が要ります。トップが勇気とガッツを持っていなければ、経営などできないのです。暴力を使えという意味ではありません。精神的な強さです。たとえ女性経営者であっても、燃える闘魂が要ります。ナマクラな男の経営者など問題にならないくらいの強い意志と闘魂を持っていれば、女性でも経営をしていくことができます。

さらに、12カ条の9番目には「勇気をもって事に当たる」とあります。勇気のない人は経営者になってはいけません。「こうしたい！」と自分が強く思うなら、また従業員にも「こうしてもらいたい！」と要求するなら、勇気をもって従業員に話をして、協力をしてもらうように説得する必要があります。そういう意味では、数字をあげて目標を立て、共有することは非常に厳しいものとなります。

ですから、来月はこのようにしようと厳しい話をする場合、従業員のみんなが「なるほど、そうしましょう。協力しましょう」と腑に落ちるように、コンパでもしながら、話さなければなりません。お酒を飲みながら、「一緒に頑張ろうな」という雰囲気にしていく。そういう場であれば、従業員のみんなも「社長、わかりました。頑張りましょう」と言ってくれるはずです。

堅苦しい話を仕事の場で話すときと、酒を飲んで話すときでは雰囲気が違うはずです。だからこそ、コンパの雰囲気を利用して、「厳しい数字だけれども頼むよ。やってくれよな」というように職場に落とし込む。それがコンパをする理由なのです。

「社長は全従業員の物心両面の幸福を願っている。ただ厳しいだけの社長ではなく、必死になって我々のことを考えてくれているのだ」ということをわかってもらうためにも、お酒を飲みながら、飯を食べながら、社長が従業員に対する思いやりを語る。それによって、「これだけ我々のことを考えてくれている社長なら、我々もぜひ協力して頑張ろう」と従業員も言ってくれるはずです。

経営12カ条

第1条　事業の目的、意義を明確にする
第2条　具体的な目標を立てる
第3条　強烈な願望を心に抱く
第4条　誰にも負けない努力をする
第5条　売上を最大限に伸ばし、経費を最小限に抑える
第6条　値決めは経営
第7条　経営は強い意志で決まる
第8条　燃える闘魂
第9条　勇気をもって事に当たる
第10条　常に創造的な仕事をする
第11条　思いやりの心で誠実に
第12条　常に明るく前向きに、夢と希望を抱いて素直な心で

リーダーの意識改革こそが、JALを変えた

インタビュー
日本航空株式会社 元意識改革推進部長 **野村直史**

「JALの再生は、一人ひとりがやるのだ」

ＪＡＬ（日本航空）が経営破綻したのは、2010年1月でした。その後、稲盛さんを会長に迎え、再生の道のりを歩んでいくことになりますが、退任されるまでの3年の間に、ＪＡＬは大きく変わりました。

その原動力になったのは、リーダーの意識や価値観が劇的に変化したこと、そしてリーダーが部門の垣根を越えて強く結束していったことだったと私は思っています。その渦の中心にいたのが、間違いなく稲盛さんでした。

まず私が強い衝撃を受けたのは、会長に就任された2月、本社で社内のリーダーを前に就任のご挨拶をされたときでした。そのとき初めて、私は稲盛さんの肉声を聞くことになりました。

稲盛さんご自身は航空業界に携わられるのは初めてでした。業界のことはまだまだ十分にはご存じない中でお話をされることになるので、おそらくは一般的で定型的なご挨拶をされるのだとばかり思っていました。

ところがまったく違いました。稲盛さんご自身の言葉で、とても気持ちのこもったお話をされたんです。策定中の再生計画を何があってもみんなでまっとうするしかない。そのためにはリーダーが強い意志を持って当たらないとダメだ。リーダーが奮起しないといけない。その先頭に自分が

立つ……。

これを聞いたＪＡＬの社員はとてもうれしかったと思います。こんなにも熱い気持ちでＪＡＬのことを考えてくださっているのか、と。同時に、我々は必ず再生を果たさなければならない、ということを改めて肝に銘じました。

当時、私は社員教育をはじめとした人財育成を担う部門におりました。会長補佐として稲盛さんと一緒に京セラからおいでになった大田嘉仁《おおたよしひと》さんのもとで、意識改革を推進する役割を担うことになりました。

これからＪＡＬは、再生計画に従い、非常に厳しい施策も含めて、さまざまな構造改革を推し進めていく必要がある。しかし、そこに魂を入れていく、本気で取り組んでいくためには、社内の意識改革を絶対にやらなければいけない、というのが当時の大西賢《おおにしまさる》社長の強い思いでした。

また、大田さんが私にまず言われたのは、ＪＡＬの再生は誰がやるのか、でした。それは会長がやるわけでも、社長がやるわけでもない。役員だけがやるわけでもない。社員一人ひとりがやっていかないといけない。だから、いかにＪＡＬ再生を〝自分ごと〟としてとらえてもらえるかが大事なのだ、ということでした。

そのために、まずはリーダー層から、そういう気持ちを持ってもらうための意識づけをしていく必要がある。そう大田さんから教えていただいたんです。こうして始まったのが、意識改革のためのリーダー教育でした。

最初は抵抗があったリーダー教育

意識改革に携わる任に当たったのは、５月。まずは意識改革推進準備室としてスタートしたんですが、最初に衝撃を受けたのは、大田さんから「リーダー教育は待ったなしだ、6月からやろう」と言われたことです。

5月はゴールデンウイークもありますから、実質、準備ができるのは半月ちょっとしかない。しかも、想定されていたのは、1泊2日程度の教育ではありませんでした。

柱になるのは、稲盛さんの哲学を徹底的に学ぶこと。何週間もかけて、何コマも何コマもプログラムを用意する。稲盛さん自身にも直接、登壇してもらう。それなりの時間がかかるということです。

加えて、参加するのは、五十数名のトップリーダー。役員、部長、グループ会社の社長や役員など、全員のスケジュールを調整する必要がありました。

無謀だ、と思いました。もう少し時間をもらえませんか、という話もしたのですが、ダメだ、と言われました。これは時間勝負、6月からやると決めたらやるんだ、と。私は急遽、新しいリーダー教育の準備を推し進めることになりました。

当時のJALのリーダーは、再生計画の策定に忙殺されていました。そのことを考慮すれば、2日程度、集中して教育を行うのが妥当だったのかもしれません。

しかし、2日程度の教育では、教育の内容がしっかりと心に根づいていくことは難しかったと思います。

結果的に17日間にわたるプログラムとなりましたが、繰り返し繰り返し、これでもかこれでもか、とプログラムを展開していったからこそ、うまくいったのだと思います。

少しずつ少しずつ、稲盛さんの哲学が浸透していきました。リーダーの心の中に沁みていった。今から振り返れば、とてもいいやり方だったと思います。

ただ、そうはいってもリーダーの皆さんは再生計画の策定で超多忙でした。1時間でも2時間でも、他のことに時間を割かれるのは極力避けたい、というのが本音でした。

そこに17日間もかけて、のべにして数十時間も意識改革のリーダー教育に時間を取られるのは、抵抗があったと思います。

しかし、大西社長が先頭に立ち、役員会などでもリーダー教育の重要性を説いていきました。もちろん大西さんは最優先で教育に参加していました。それこそいつも一番前に座っていました。

それでもリーダーの皆さんの思いは複雑だったと思います。やらなければいけないことがたくさんある中で、その時間を使って教育を受けることにどんな意味があるのか、と思われていたのではないかと思います。

一方で、稲盛さんがどんな話をされるのか、大きな期待もあった。期待と不安が入り交じったような気持ちだったのではないかと思います。こうした中で、最初の稲盛さんの登壇を迎えることになったんです。

少しずつ場の雰囲気が、表情が変わっていった

当初私は、稲盛さんは「経営とはこうやっていくのだ」というようなテクニカルなお話をされるのだと思っていました。しかし、そうではありませんでした。お話の中心は、航空業界であろうが、製造業であろうが、どんな業界であろうが、共通して必要となるリーダーとしての心構えでした。

リーダーのあるべき姿。心の持ち方、大切にすべき考え方……。こういったことを、ご自身の経験も踏まえた上で切々と話されていく。だから、言葉に重みがあるんです。まさに、魂が入っていると思いました。これが1時間ほどずっと続くわけです。

1回、2回と聞いているうちに、稲盛さん自身の本気度がひしひしと伝わってきました。そもそも、稲盛さんはJALにはなんの縁もゆかりもありません。そこに利他の心を持って会長に就任され、我々を引っ張ってくださろうとしている。

それが、だんだんとみんなに伝わっていくわけです。少しずつ少しずつ場の雰囲気が変わっていきました。リーダーの皆さんが話を聞く表情も変わっていった。それは事務局として見ていて、よくわかりました。

リーダーも超多忙でしたが、実は稲盛さんも分刻みのスケジュールでした。朝から晩まで会議会議の連続で、それが終わった後に1時間、1時間半とリーダーに向けて話をする。今から考えれば、なんと無理なお願いをしたものかと思っています。

それでも、ご自身もその重要性をわかっておられたのだと思います。体調がお悪いときもあって、まさに血を吐く思いで話をされていたんです。そんな自分を横に置いて、JALの再生のために身体を張ってくださっていた。

京セラ、KDDIで輝かしい業績を残されたのに、火中の栗を拾っていただいた。しかも無報酬で、ここまでしてくださっている。世のため人のために尽くすというのは、どういうことなのか。それをまさに目の前で見せていただいた。そう強く感じました。

最初の頃は、もしかすると、早く仕事に戻りたい、というリーダーもいたかもしれません。しかし、だんだん「来るのが楽しみだ」という空気になっていきました。「今日はどんな話が聞けるのか、どんなことが学べるのか」と進んで来てもらえるようになった。まさに、稲盛さんの力でした。

リーダーの結束をより強いものにしたコンパ

教育の多くは夕方の時間や土曜日の時間になりましたが、教育が終わった後にはコンパを行いました。五十数名のリーダーが組織の壁を越え、腹を割っていろんな話ができるような場をつくる。これも、教育の一環として考えていたことでした。コンパにも、稲盛さんは毎回必ず出てくださいました。

コンパも、当初はリーダーには抵抗があったと思います。そもそもJALには社内でお酒を飲む文化はありません。しかも、忙しい中、オフィスに部下を残して来ているわけです。教育が終わればすぐに仕事に戻りたいのに、自分は社内でお酒を飲むのか、と。

ですから事務局としては、単なる飲み会にならないよう意識しました。テーブルごとに5～6人くらいのグループに分けるんですが、そのグループ分けにも意図を持ちました。

部門を超えたコミュニケーションも狙いでしたので、近しい部門ではなく、普段なら話をしないような部門を集めてグループにしていく。しかも、毎回メンバーが違うように、アサインを考えました。

コンパは、リーダー教育の中で大きな意味を持ったと思います。リーダー同士で少しお酒も入れて本音ベースで話をし、お互いに率直に意見を言う。また、そうした話を稲盛さんが隣で聞いて発言をされる。そうすると、稲盛さんのメッセージが、より深く理解できる。

時間が経って気がつくと、稲盛さんが真ん中におられて、みんなが椅子だけを持って車座みたいに集まって話をしていることも少なくありませんでした。盛り上がってくると、稲盛さんは歌を歌われるんです。みんなで肩を組んで、合唱しよう、と。

リーダーには、JAL再生の同志という意識はもともとあったと思います。そんな中で、心を一つにすることの大切さを再認識し、腹を割って話せる機会を持てた。

コンパは、リーダーの仲間意識と結束をより強いものにする上で、とても大きな効果を生んだと思います。

もちろん稲盛さんには、厳しさもありました。リーダー層には、特に厳しかった。ただ、愛のある厳しさだったと思っています。

稲盛さん自身、リーダーを叱るときには、その場に立っていられなくなるくらい叱る、とおっしゃっていましたが、そのくらいリーダーには厳しかった。しかし、リーダーにはそのくらいの責任があるということです。だから、その自覚を持ってやれ、という激励の裏返しなのだろうと思います。

リーダーこそ意識改革が大事

意識改革のためのリーダー教育は、ＪＡＬ再生において大きな意味を持ちました。考え方が最も大切であるということ、人間として何が正しいかということが重要であること……。稲盛さんの哲学を、机上の空論ではなく、本当に理解し、実践していけるようになるきっかけになりました。

２０１０年6月から始まったリーダー教育は、第1回はリーダー五十数名が対象でした。その後だんだん対象となる階層を広げていき、最終的には全管理職が受講するまで続けていきました。

実はＪＡＬは過去にも意識改革、風土改革をやろうとしたことがあったんです。しかし、それはボトムアップで行われていました。ボトムアップというのは、聞こえはいいんですが、実はそれは社員への丸投げになるんです。社員の中に新しい意識が芽生え、それを風土改革につなげていこうとしても、それに水をかけるのは、組織のリーダーだったりするわけです。

せっかくボトムアップで芽生えつつあるものがあっても、それがうまく育っていかないのは、リーダー層の意識改革ができていないから。もっと言えば、経営陣の意識が実は変わっていないから、ということが往々にしてあると思います。

ＪＡＬにもそういう反省が過去にありました。破綻以降の意識改革を振り返ると、とにかくリーダー層から順番にやっていったことに意味がありました。社員が自ら変わろうとしたとき、リーダーがそれを後押ししてサポートできる環境ができあがっていったんです。

その意味で、稲盛さんをはじめ、当時の経営陣が、リーダーこそ意識改革が大事だ、それをやるんだと宣言し、旗を振ってくださったことは何よりありがたかったと思っています。

そして今も印象深く覚えているのは、稲盛さんが現場の社員に本当に優しかったことです。しかも、普段目立たない部署で一生懸命、地味にコツコツと努力している社員に本当に目配り気配りをされていた。そういう社員の存在を絶対に忘れない。

稲盛さんの人間的な魅力に、ＪＡＬのみんながどんどん惹かれていきました。稲盛さんの渦に巻き込まれて、ＪＡＬは変わっていったんです。

（２０２２年4月）

野村直史　のむら・なおし

１９６2年、京都府生まれ。大学卒業後、ＪＡＬに入社。総務、人事、人財育成等の部門を経て、２０１０年、意識改革推進部長に就任。稲盛和夫と共に京セラからＪＡＬにやってきた会長補佐の大田嘉仁のもと、社内の意識改革に携わる。

第8章

原理原則を貫く

判断基準は、
「人として
何が正しいか」。

１９７７年、ソ連に輸出したプラントの完成式典に出席。
でき上がった施設内を見て回る。中央が稲盛、その左が近藤《こんどう》徹《とおる》氏。

最も普遍的でプリミティブな倫理観をベースに

稲盛が立ち上げたＫＤＤＩの企業哲学「ＫＤＤＩフィロソフィ」の勉強会（２０１４年４月３日）では、「人間として何が正しいのか」を判断基準にすることを説いた。

私は27歳で京セラを創業しました。従業員28名の小さな会社ではありましたが、創業するとすぐに決めなくてはならないことが山ほど出てきました。「これはどうしましょう」と次々に社員が決裁を求めてきます。しかし、私はそれまでに経営の経験があったわけでもなく、経営に関する知識も持ち合わせていません。また、親戚や知人に経営者がいたわけでもなく、経営について相談できる人もいませんでした。それでも、経営者としてすべての案件に判断を下していかなくてはなりません。もし自分が間違った判断をしてしまえば、たちまちのうちに会社が傾いてしまうのではないかと、心配で眠れない日々が続きました。経営者とは孤独なものだという言葉を、私はしみじみとかみしめていました。

そのとき、「人間として何が正しいのか」ということを判断基準にしようと決めました。それは、子供の頃に両親や学校の先生から教えてもらった「やっていいことか悪いことか」という基本的な倫理観に基づいたものです。今になって考えれば、経営について何の経験もない私が、そうした非常にプリミティブな倫理観をベースに経営を進めてきたことが、京セラを成長発展に導いたと思えるのです。もし私が、そうした明確な判断基準を持たなかったり、また若干でも経営についての経験や知識があったりしたならば、「儲かるか儲からないか」「損か得か」といったものを判断基準にしていたでしょう。また、一生懸命働くよりも、うまく妥協したり根回ししたりする術を覚えて、少しでも楽に働こうとしていたでしょう。

仮に私がそのような姿勢で経営を続けていれば、決して現在の京セラの姿はなかったはずです。

青年経営者であった私は、「人間として正しいことを貫く」ということを経営の判断基準に定めたわけですが、同時に、そのような判断基準に基づいて日々どのように経営や仕事にあたっていけばよいのか、その具体的な考え方と方法論についても、一生懸命考えていました。そのような日々の実践を通じ、仕事や経営のあるべき姿を考え続ける中から、京セラの企業哲学である「京セラフィロソフィ」の原型のようなものが少しずつ編み出されていきました。

現在では、京セラフィロソフィの各項目は『京セラフィロソフィ手帳』にまとめられていますが、その多くは、私が再建に携わった日本航空において制作された『JALフィロソフィ手帳』にも継承されています。また、そこには「人生・仕事の結果＝考え方×熱意×能力」「感謝の気持ちを持つ」「常に謙虚に素直な心で」「自ら燃える」のように、私が創業したKDDIの『KDDIフィロソフィ手帳』とも共通する項目が含まれています。

私は、そうしたフィロソフィをベースとした意識改革によって、日本航空の幹部、従業員が持つべき価値観を明確にし、会社全体をベクトルの合った燃える集団に変えていきました。そして、そのことが日本航空再生の大きな原動力になったと信じています。

ですから、企業を成長発展させる経営の源泉としてのフィロソフィの持つパワーは、すでに証明済みであると私は考えています。

一方的な内容の契約を迫る旧ソ連との交渉

この話に関連して思い出したのが、旧ソ連が共産主義でまだ隆々としていた冷戦最中の頃のことです。ソ連科学アカデミーの技術者たちが、京セラのセラミック技術がほしいのでぜひ売ってほしいと、何回となく訪ねてきました。

アメリカではシリコントランジスタから始まった、いわゆるシリコンを素材とした半導体であるＬＳＩができ上がった時期で、調べてみると、アメリカの有名な半導体メーカーはすべて京セラが供給するセラミックパッケージを購入していました。アメリカ国防省は、アメリカの半導体メーカーに対して、もし、京セラからのパッケージ供給が停止されれば、国家戦略上大きな問題となる。仮にアメリカ製のＬＳＩ製品が供給されなくなれば、とんでもない事態になる。京セラが１００％出資する米国子会社に頼り切ってしまうのは非常に危険だというので、一時期アメリカのセラミックメーカーを含めて、パッケージを安定供給できるメーカーを米国内で育成しようとする動きがありました。

アメリカでは半導体産業が力をつけてきて、軍のミサイルにも半導体が搭載されるなど、データの蓄積を含め、あらゆる電子機器に半導体が使われるようになってきていました。ソ連が、入手したアメリカ軍の兵器や装備などを分解してみると、セラミックパッケージに保護された半導体チップがずらりと並んでいる。そのパッケージを供給しているのが、この分野で世界的に有名な京セラという日本のメーカーだというので、その技術を教えてほしいとやってきたというのが、訪問の背景です。

私は中小零細企業から身を起こしたものですから、最初は、超大国であるソ連科学アカデミーの優秀な技術者たちが、京セラの技術がほしいと言ってきたことを誇らしく思い、少し悦に入っていました。

彼らの要望は、自分たちがつくりたいと思っている半導体に使用するパッケージを量産できる工場を、京セラの技術で、フルターンキー方式（注・ノウハウも教え、装置のスイッチを入れさえすればすぐ設備が稼働する状態で引き渡すこと）でソ連につくってほしいというものでした。その件で、私は何回もモスクワに行きましたが、共産党の一党独裁国家ですから、契約ひとつまとめるにも、弁護士やプラント輸出を契約する専門家など、そうそうたるメンバーが出てきます。そして、この契約書にサインしてくれと迫ってきます。

それではと、契約書の内容をロシア語の辞書を引きながら一日がかりで調べてみると、あまりにも一方的にソ連側に有利な内容でした。とてもこんな契約書は受けられないと突っぱねましたが、それでは彼らがつくった契約書の原型が反故になってしまいます。専門家でも何でもない日本の中堅企業の一介の経営者にそんなことをされてはたまったものではないと、学者や法律家みんなが怒り出した。私は、プラント輸出の経験もなければ、契約に関する法律についても知りません。ですから、あまりにエゴイスティックな内容の契約に対して、これはおかしいと突っぱねた。まさに、人間として何が正しいか、という一点で物事を判断したわけです。

交渉は何度も決裂しました。私は、「この案件で儲けようとは思っていません。どうしてもほしいと言われたからここまで来たのであって、文句があるなら、もう結構です。売る気はありませんので帰ります」という態度で接しました。

当時、モスクワ便はアエロフロートというソ連の航空会社しか就航していませんでしたから、移動については彼らがすべて手配してくれ、ホテルまで予約してくれました。しかし、私が「明日には帰りますよ」と言っても、相手も怒っていますから飛行機の手配をしてくれません。結局、翌日になっても手配してくれませんでした。

そのうち、若い担当者がやってきて、「稲盛さん、今日のところはモスクワに泊まってくれませんか。交渉の仕切り直しをしましょう」と食事に誘われ、キャビアをご馳走になり、ウォッカで一杯やりました。こちらも呑兵衛《のんべえ》なものですからつい飲んでしまう。すると翌日、「また話の続きをしましょう」とやってきます。そこで私がだめだと言うと、また同じことの繰り返しです。実際、そういうやりとりを何回も繰り返しました。向こうには法律の専門家やヨーロッパを含めた海外企業との間でいろいろな技術提携をまとめてきたようなベテランもいたのですが、こちらは素人だけです。

私は、人間として何が正しいのかという一点で判断していて、決して儲けようというつもりでモスクワには行っていませんから、最終的には彼らのほうが折れて、私が提案した通りの契約内容でサインしました。やがて、モスクワ郊外に彼らが持っていた工場に日本から設備を送り、製造ノウハウも含めたフルターンキー方式でパッケージ製造ができる素晴らしいプラントができ上がり、たいへん喜ばれました。

正式な契約締結に伴い、プラント輸出など一度も経験したことのない京セラの社員がモスクワに派遣されたのですが、できたばかりのプラント設備の稼働にはたいへん苦労しました。

お米や生活必需品などは、設備と一緒に梱包して現地に送りました。当時、日本ではパンティーストッキングが流行っていたので、安い商品を大量に買い込み、それも送りました。

設備のセットアップが終わると、製造ラインのオペレーションは現地の女性従業員に任せることになっていたので、一生懸命頑張ってくれる彼女たちに、パンティーストッキングをプレゼントしようと思ったのです。

契約書には、ソ連のワーカーを使って流れ作業ができること、また製造プラントを稼働させた際の歩留まり、つまり良品率が何％以上であること、といった条件がつけられていました。その条件を満たすには、従業員に頑張ってもらうしかないのですが、その際みんなにプレゼントしたパンティーストッキングが威力を発揮したのか、見事にうまくいきました。おかげで利益も上がり、このプラント輸出ではたいへん儲かりました。

プラントが完成していよいよ引き渡しというときに、再度モスクワを訪問したのですが、私が工場に着くと、従業員のみんなが喜んでくれました。特に年配女性のワーカーからは「わざわざ日本からボスが来てくれた」と、たいへんな歓迎を受けました。

人間としての原点に立ち返ること

数年後、日本の有名な電機メーカー2～3社から「おたくではプラント輸出がたいへんうまくいっていると漏れ聞いたのですが、我々の会社ではいろいろな電子機器をプラント輸出して大損をしている。どうすれば、京セラさんのようにうまくいくのか、教えてもらえませんか」と言ってこられました。

その際、失礼だからと思って口には出さなかったのですが、「あなた方はそういう考え方だからうまくいかないのです。どんなことであろうと、前例を参考にやろうとするからうまくいかないのであって、なぜもっと原点に返って物事を考えようとはしないのですか」と言いたかった。私は誰にも教わらずに独学で取り組み、フィロソフィの「人間として何が正しいのか」という一点で考えて取り組んできましたが、彼らは、プラント輸出の専門家でも何でもない、一中堅企業の社長でしかない私にわざわざ頭を下げて教えてくれと頼みに来る。

それまで「おそらくこんなものでいいだろう」ということで、相手の言うままに、唯々諾々と契約を交わしていたのでしょう。儲かるだろうと思って契約書にサインはしたものの、実際に製品をつくってみると、なかなか思い通りにはいかない。相手にしてみれば、ある一定以上の歩留まりがないと困るので、80%とか85%以上といった契約内容になっています。それがいざ工程を流してみると、オペレーションは現地のワーカーを使って職長さんが進めていくわけですから、契約歩留まりを保証せよといわれても、機械を使ってすべてがオートマチックにでき上がってくるならいざ知らず、そこには人間が関わるわけですから、そう簡単に達成できる数字ではありません。

京セラの場合は、契約書に記載されている設定よりもはるかに高い歩留まり数字が達成できた。仮に契約通りにいかなければ、何%か引かれるといった非常に厳しいペナルティがありますから、ある日本の有名な大手電機メーカーなどでは、プラントごと取り上げられてしまい、結果的にただであげた形になってしまってすべてを失ったという事例も発生していたようです。

私が言いたいのは、慣例や前例といったものに頼った経営をするのではなく、リーダーたちが、「人間として正しいかどうか」という一点で判断してすべてを決めていかなければならないということです。KDDI発足のときもそうでした。2000年に、DDIとKDD、IDOの3社が合併するにあたり、企業文化の違いから、その融合を危惧する声がありました。そのとき、社員たちに判断のよりどころとしてほしかったのが、まさに「人間として何が正しいのか」ということでした。そのことについて、「KDDI発足にあたって」と題したKDDI社内報創刊号への寄稿で、私は次のように述べています。

「新会社がスタートした以上、私たちはKDDIの社員として価値観を共有していかなくてはなりません。それは最も普遍的な『人間として何が正しいのか』という価値観をベースとして、自分の部署、自分の出身母体にとって『何がいいのか』というのではなく、『ＫＤＤＩにとって何が正しいのか』という判断価値を持ち、毎日の業務を遂行していくということです」

価値観の共有がいかに大事かということを、合併当初に述べているわけですが、フィロソフィに書かれていること、人間として何が正しいのかを基準に物事を判断することを徹底するのが、素晴らしい結果をもたらすということを、純粋に信ずることです。それは単に経営だけではなく、それぞれの人生を素晴らしいものにするためにも大切なことなのです。

稲盛流が、共産主義に通じた

――インタビュー――京セラコミュニケーションシステム株式会社 元専務取締役 近藤 徹

大事なところを端折るな、王道に戻れ

入社したのは、1965年。まだ従業員が、300人ほどの時代でした。父に勧められて面接を受けたんですが、びっくりしたのは、いきなり稲盛さんからこう言われたことです。

「よく来てくれました。だけども、この会社はいつつぶれるか、わからんよ」

夢と希望に溢れる学生に、いきなりこの洗礼です。えらいとこに来た、これは絶対に無理だな、と思ったんですが、帰りに稲盛さんが門まで送ってくれて、こう言われたんです。

「お前さんには来てもらうことにしたよ」

迂闊《うかつ》にもここで、「ありがとうございます」と言ってしまった(笑)。それで入社することになったんです。

配属は滋賀工場。IBMのコンピュータにハイブリッドICが初めて使われて、そのセラミック基板を京セラが受注していました。というより、できるかできないかわからないのに、稲盛さんは「できます」と言って受注してきてしまうわけです。

しかし、これがとんでもない難易度でした。技術仕様書は本のような分厚さ。そこに求められるセラミックスの仕様がギッシリ書かれている。これを一つずつ全部つぶしていくしかない。IBMは世界の他のメーカーにも発注していたんですが、なかなかできなかった。

　でも、京セラはやるんです。できるまでやるからです。それでも、モノができるまでに約1年かかりました。最初にできたのが、京セラでした。しかし、開発ができたら、次は量産です。同じ品質のものを月に１００万個、というオーダーです。

　開発をリードしていたのは、稲盛さんでした。その仕事のやり方は、とにかく原理原則でした。答えがあるわけではありませんから、愚直にやるべきことをやっていくしかない。言われるのは、いつも正しいことです。原理原則に外れようとすると、元に戻す。

　実際、開発が追い込まれてくると、こうしたほうが楽なのではないか、こうしたほうが早いのではないか、などと至らぬ知恵が浮かんでくるわけです。こういうときには、ガツンとやられる。大事なところを端折るな、王道に戻れ、となる。

　苦しいことの連続です。だから、いくつか道があって、これはしんどくて時間もかかりそうで大変かもしれないというところから逃げて、こっちのほうがいけそう、とやっていると「バカたれ」となる。「そうじゃない、時間がかかってもいいから、しんどいほうをやるんだよ」と言われる。これが稲盛さんのいつもの基本でした。

　実際、大変で面倒なことのほうに正解があることが多いんです。だから、京セラでは、専門家やその分野に詳しい人が、開発をしたり、新しいことをしたりするケースは少なかった。いつもそう感じていました。文系の人間が開発をしていたり。

　それは、なまじっか中途半端に技術をかじってきた人間だと、小賢しいことをやってうまくいかなくなることが多いからです。そうではなくて、まったくの素人がやると、まじめに原理原則を守りながら開発を続ける。だから、時間はかかるけど、成功率がものすごく高くなるんです。

一回でも神様に祈ったことはあったか？

滋賀工場時代に忘れられない思い出がありま

す。この半導体用のセラミック事業に賭けていた稲盛さんは、どんどん新しい設備を導入していきました。しかし、現場では、そう簡単には使いこなせなかった。

あるとき、大型の炉を使って1週間かけて、一度に50万個の商品を焼くことになりました。今の貨幣価値で2000万円ほどになります。

失敗したら、すべてパー。しかも、納期に追われている。担当の私は、もう気が気ではありません。そこで、早く結果を知ろうと、担当者に頼んで夜中に炉のふたを開け、中の商品をいくつか出して検品することにしたのです。

衝撃の結果でした。細かい寸法を要求されていたんですが、見事にそこから数値が外れていて。商品として出荷できるのは、1割か2割という感じでした。これにはさすがに目の前が真っ暗になりました。

この商品の開発と製造は、本当に難しい仕事でした。私は半年くらい休みなしで働いていました。それこそ、押し入れの中に当時は手渡しだった給料袋がそのままごっそり入っていたくらいでした。

そんなに頑張っていたのに、この結果です。時間は、朝の3時半か4時頃だったと思います。あまりに悔しくて苦しくて、涙が出てきました。

すると人の気配がしたんです。振り返ると、そこに稲盛さんが立っていました。泣いている私に、声がかかりました。

「どうした？」

私は状況を説明しました。会社に大損を与えてしまう。罵声が飛んでくると覚悟していたのですが、稲盛さんはたった一言、こう言いました。

「お前、一回でも神様に祈ったことはあったか？」

これは、その後の私の人生を変えるくらいの強烈な言葉でした。そのときは、「神様に祈って何とかなるくらいなら、そんな楽なことはない」と思ったのですが、だんだん稲盛さんの言葉の意味がわかってきました。

「お前さん、あとは神様に祈るしかないというくらいまで、すべてのことをやったのか」

そういうことだったのか、と思いました。そこまで集中して、寝ても覚めても考えて打ち込んで、最後に残ったのが神頼みだけという状況までやったのか、ということだったんです。

本気でやる仕事というのは、そういうものなんや、ということを知りました。仕事に対する姿勢がガラッと変わるくらい、強烈な出来事でした。いっそのこと罵声を浴びたほうが、ずっと気が楽でした。その100倍くらいこたえました。

もう一つ、滋賀工場で印象深かったのが、家族主義です。従業員との絆をつくる。稲盛さんに言われていたのは、IBMのコンピュータの話とか、昨日の生産数とか、アメーバの一人当たり生産性はいくらで、お客さんの反応はどうだったかなど、作業員をしている女性たちにも必ず報告しろ、ということでした。

それで朝礼で時間を取って伝えていましたが、失礼だけどこんな難しいことがわかるのかな、伝えてどんな効果があるのかな、と思っていました。工場の女性たちも、「兄ちゃん、その話は前に聞いたで」という顔をしていたりする。

ところが冬のある日、ドカ雪が降りましてね。自転車通勤の人たちは来られない。でも、女性作業員たちは歩いて来てくれたんです。遠い人は、2時間もかけて。これには、涙が出るほどうれしかった。

聞いてみたら、私の顔をじーっと見て、「いや、来んかったら、あんたが困るやろ」と。なるほどこういうことなのか、と思いました。ちゃんと伝えていたことで結束力が生まれ、いざというときに大きな力を発揮するということを目の当たりにしたんです。

姿勢は「売り手も買い手も平等」

1974年、本社のプラント事業部に異動になり、ソ連との事業に関わることになりました。アメリカで半導体の技術革新が進み、ソ連政府もどうしても技術がほしかったんでしょう。

実はソ連が京セラに話を持ち込んだのは、1962年だったんです。ところが、思わせぶりな話を持ってくるけれど、話は立ち消えになる、ということが繰り返されて、稲盛さんは「もうソ連との商売はしない」と言っていたんです。

ところが、稲盛さんという人は、頭を低くして頼まれると、嫌と言えない人なんですよね。後のJALのときと同じです。それで、ソ連との交渉をすることになったんですが、その担当をすることになったのが、たまたま私でした。

ちょうど第一次オイルショックの影響で、京セラへの注文がパタリと止まった年でした。工場に行くと、草一本生えていなかった。つくるものがなくて、みんなで草むしりや掃除をするしかなかったからです。だから、工場はピカピカ。そんな年でした。

まずは分厚い見積書をつくって、英語に訳して、それを見ながらソ連側は分厚い契約書をつくってきていました。相手がどう出るか、稲盛さんは覚悟されていたようでした。モスクワに行っても、すぐにサインしたりはしない。1ページずつ確認していったわけです。

稲盛さんの姿勢は「売り手も買い手も平等」でした。当時の経済交渉では、やっぱり買い手が偉い、というところがあったんですね。オレが金を払うんだから、オレの言うことを聞け、と。ソ連政府なんて、もうその典型です。それはもう高圧的でした。

しかし、稲盛さんは「人として何が正しいか」という原理原則ですから、一つずつ見て、「これはダメ、これはＯＫ」と判断していく。「これはあんたのほうに都合がいい、我々と同じようにしてください」と一つずつつぶしていくわけです。

売り上げ総額は51億円。これは今の金額でいうと、400億〜500億円、あるいはそれ以上になると思います。そのうちノウハウ料が14億円。

いわゆるソフト部分ですが、ソ連側にはソフトを買うという概念がまったくありませんでした。

今でこそハードよりもソフトこそが値打ちがあるということが理解されていますが、当時はハードウェアが主力だった。どうして使い方にそんなにお金がかかるのか、と言われたわけです。

しかし、稲盛さんは譲らなかった。ソフト、つまりはモノのつくり方こそが最も重要なんだ、と。それは彼が開発者であり、技術者であり、自分の手でモノをつくってきたからです。ソフトは、彼の人生そのものであり、ソフトでしかモノはつくれないという信念があるわけです。

それがわからないソ連側は、「稲盛さん、これ1桁間違っていないか」と言う。もっとまけろ、というわけです。

社員に顔向けできないからやめる

こういう交渉が連日、続くと疲れてくる。明日こそ決着させよう、と考えていると、電話があって「忙しいので交渉は休みたい」と来る。焦らし作戦ですね。

こういうことは、日本の文化にはない。でも、外交交渉というのは、その繰り返しなのかもしれません。そして交渉のテーブルにつくと、もっと値段を下げろと言ってくるわけです。まるで鉄面皮のように。稲盛さんは、とうとう席を立ってしまいました。

「この生産技術は、世界に先駆けて京セラの社員がつくったんだ。血と涙と汗の結晶なんだ。それを納得できない金額で輸出をすることを私が決めたりしたら、私は会社に帰って、開発した社員に合わせる顔がない。もう、やめる。交渉は終わりだ。帰らせていただく」

オーナー社長が従業員に遠慮して、価格交渉に応じない。ソ連側はまったく理解ができなくて、キョトンとしていました。しかし、私と貿易部長は、隣で聞いていて感激していました。やっぱりこの人はすごいと思いました。

稲盛さんは日頃から、社員を大切にして、京セラは自分の会社ではないんだ、みんなの会社だと言っていました。そのままの行動を、私はソ連で目の当たりにしたからです。

しかも、会社の売り上げが200億円の時代の51億円の注文です。さらに、オイルショックで注文がパタリと止まっていた。この状況の中で、社員に顔向けできないからやめる、とはっきり言えるわけです。

私がもし社長だったら、つくるものもないし、売り上げになるなら、とズルズルと言われるままに値下げに応じてしまったかもしれない。結果的にボロボロにやられてしまったかもしれない。

しかし、稲盛さんは原理原則で、「社員を大切にしなきゃいかん」という思いでピシャリと断ったんです。これはソ連にとってはたいへんなショックだったと思います。

後にソ連と商売をした人たちの話を聞いたりしましたが、ソ連との商売で最も大切なものは何か。それは、「わかりました。それならもうやめます」と言える勇気だということでした。

その勇気がなければ、ソ連との商売はやってはいけない、と。ズルズルズルズル泥沼にはまっていくからです。

稲盛さんは、そうした交渉術を知っていたわけではありません。しかし、原理原則、自らの本質、哲学で勝負した。それが、ソ連側に衝撃を与えた。あ、この人は本当に帰ってしまうんだ、とびっくりさせてしまった。

こうして紆余曲折を経て、ほとんど京セラの思い通りの価格で妥結したわけです。

倫理でいけ、契約以上の仕事をしろ

一方、交渉でもう一つ大事だったのが、歩留まりの保証でした。価格ではあれほど強かった稲盛さんが、この交渉では弱かった。というのも、稲盛さんは技術者。できれば高い歩留まりで保証してあげたい、と考えてしまうんです。そうでないと、相手がかわいそうじゃないか、と。
こういうところが、稲盛さんの弱みである一方で、魅力でもあるんだと思います。私たちが、「え、こんな歩留まりで保証していいんですか?」という契約にしてしまった。「これぐらい、ええやないか。これぐらいにしないと、向こうも困るやろ」と。

自分たちの仲間を守るというときには、もうすさまじいまでの交渉をするんですが、決まったら今度は相手の立場になって、「まあ、それで、なんとかしようやないか」となるんです(笑)。

結局、ビジネスですから、ちゃんと利益を出す、というのは原理原則なんですが、向こうにもちゃんと利益が出て、いい思いをしてもらう、というのも原理原則なんです。そうでないと絶対にビジネスは成り立たない。それは、稲盛さんの真髄であり、大原則なんです。

結果的に、ソ連側も喜んでくれました。そしてサインをして、日本に戻ってきたときに、稲盛さんが私に出した指令が、とにかく契約書を暗記するまで読め、向こうがどういうことを求めているかをまず理解せよ、でした。

ただし、それは最低限のものや、と付け加えられました。法律やルールは、守るのは当たり前。京セラはその上を行く。倫理でいけ、と。契約以上の仕事をしろ、ということです。稲盛さんの表現で言うと、「行間の仕事」です。

鹿児島にある最先端のセラミックパッケージの工場を、そのままソ連につくるわけですが、最も大切で忘れてはいけないのは、ソ連側との人間関係だ、これを何より大事にしなさい、と。

だからソ連の実習生が10人、鹿児島の工場に来たときも、我々はべったり張り付いて、毎日、行動を共にしました。海水浴にも行くし、釣りにも行くし、地引き網もやったし、桜島観光からおいしいご飯まで、仕事はもちろん、土日になると一生懸命、人間関係をつくるために動いた。

ただ、鉄のカーテンの冷戦時代です。ソ連の技術者が鹿児島の田舎に10人も来たので、唯一困ったのは、鹿児島県警がどこに行ってもついて回ることでした。毎朝6時になると、「近藤さん、今日、どこ行くの？」と警察から電話がかかってきました。

それでも行動を共にして、一緒に食事をし、一緒に遊んだ。稲盛さんに言われていたこともありますが、この後、ソ連に行って私たちは工場を立ち上げないといけない。うまくやっていかないといけないという気持ちは当然、湧き上がっていました。だから、いい人間関係をつくらないといけなかったんです。

かつてなかった経験を京セラが持ち込んだ

実際にその効果はもう絶大でした。ソ連に行って工場をつくり始めたら、人間関係がいかに大切かが、ものすごくよくわかりました。彼らは、私たちを本当に信頼してくれていた。私たちがやっていたことをやればいいと思ってくれたんです。

日本にやってきた実習生たちは工場ではリーダーになり、２００人を超える、ほとんど女性の現地社員と働きました。彼らは、日本から指導に来たスタッフと、京セラでやっているような朝礼を毎朝やっていたんです。

私が滋賀工場でやっていたみたいに、昨日の実績はこうで、こういう問題点があって、生産量に達していないので今日は頑張ろう、などとやっている。京セラの文化をソ連で展開しているんです。

そもそも共産圏には、そんな文化はありません。計画生産ですから、競争もない。競争させようとすると、競争相手と手を組んで、いかに楽をするかを相談したりする。そういう国でした。どれだけ頑張っても、給料は変わらないわけです。だから、それ以上、働こうとしたりしない。

ところが、そんな共産主義の国で、京セラ流資本主義の「頑張れ」をやるわけです。昨日はこうだった、今日はこうやろう。こういうところを変えていこう、成長させていこう、と。それを一生懸命やる。そうすると結果も出る。技術も上がる。成長する。

実はソ連の人たちにとっても、それは発見だったようでした。その後、日本人スタッフが役割を終え、工場のある地方からモスクワに戻ることになりました。毎朝、必死になって女性社員たちを応援していた若いスタッフでした。

するとその最終日、40名ほどの20歳過ぎの若い女性社員たちがずらーっと一列にならんで、彼にお礼を伝えているんです。

「あなたは怖かった。とても厳しかった。でも、あなたと別れるのは、ものすごくつらい」

そう言って、みんなが涙を流していた。これほどまでに一生懸命に親身になって指導をしてもらえた経験がなかったんだと思います。そして一人ひとりが思い思いの、心づくしの手作りの人形だとか、お土産だとかを泣きながら渡していって。

それはもう、そばで見ていた私たちも、涙をこらえきれませんでした。素晴らしい光景だったし、ものすごく感激しました。

かつてなかった経験を京セラが持ち込んだんですね。そして一生懸命、工場をよくしようとしていた姿勢は、もっと上のリーダークラスにも伝わっていました。

ソ連側から、過去に出たことのない言葉が

工場を引き渡す時期が近づいてきましたが、驚くべきことが起きていました。稲盛さんは高い歩留まりに、と言ってあげたわけですが、ソ連側は一切、歩留まりのことを私たち日本人に言わなかったんです。

引き渡しの条件などについても、まったく触れることがなかった。京セラは、自分たちがやれることを必死でやってくれた。それが、彼らにも伝わっていたんです。稲盛流が、共産主義に通じたんです。

歩留まりについては、ソ連側にも責任があった。彼らの用意する水やガス、電気の品質がとて

も悪かったからです。しかし、契約書を持ってきて、ここにこう書いてあるじゃないか、これができていないじゃないか、と追及することができたのも事実でした。

しかし、一切なかった。歩留まりのことなど、一言も触れなかった。最後に引き渡しのための英文の書類を用意したんですが、中身をまったく見ずに彼らはサインしてくれたんです。読みもしなかった。

稲盛流の教育指導、それから人間関係づくりが伝わり、「この工場のためにこいつらは本当に一生懸命やってくれているな」と感じてもらえたんだと思います。

稲盛さんが日本からやってきて最後はテープカットをしたんですが、ソ連の電子工業省と、それから外国貿易省の双方の副大臣が出席してくれました。このとき、彼らが「今までのこの工場での京セラの仕事にたいへん満足している」とスピーチしたんです。

私は普通に聞いていたんですが、このプラント輸出を仲介してくれていた日本の商社の社長が驚いていました。あんな言葉をソ連から聞いたのは、初めてだ、と。ソ連があんなことを言うんだ、と。あんたんとこは、ほんとにすごいね、と私たちに言ってくれました。

ソ連の仕事がうまくいき、稲盛さんもとても安堵してくれましたが、実は共産圏の中でも京セラはとても有名になりました。それで、その後もリードフレームとか、耐火物だとか、セラミックコンデンサーだとか、次から次へとプラントの仕事が私のところに入ってきました。チェコスロバキアからも、注文が来ました。

ソ連に関してはもう一つ、エピソードがあります。やっぱりビジネスはちゃんと支払いをしてもらって終わりですから、サインが終わって無事に支払いをするということになって、日本に連絡を入れて確認してもらったんです。

その入金報告を、稲盛さんはサンディエゴへの出張中に聞いたんですが、一緒にいた貿易部長が「稲盛さん、喜んで珍しく思わず小躍りしてたよ」と後から教えてくれました。

ソ連ですから、そうはいっても何が起きるかわからない。五十数億円の取引ですからね。やっぱり心配していたんだな、という思いと、小躍りしている稲盛さんが頭に浮かんでしまって、私も思わず躍り上がって喜んだんです（笑）。

（2022年4月）

近藤　徹　こんどう・とおる

1940年、岡山県出身。'65年に京セラに入社し、滋賀工場に配属。半導体用セラミック事業に携わる。'74年に本社のプラント事業部に異動し、ソ連へのプラント輸出を担当。プラント事業部長、北見工場長、電子機器事業営業本部長等を歴任。退職時は、京セラコミュニケーションシステムで専務取締役を務めた。現在は、稲盛和夫の人生哲学、経営哲学を学ぶ経営塾の講義やセミナーなどを行っている。

第9章

相手を尊重する

2002年、旧東芝ケミカルを合併し訪れたその日に、駐車場でさっそくコンパ。

力で治めず、徳で治める。

経営理念と明確な未来像を宣言し、人間性で魅了する

2000年10月4日、盛和塾東北地区合同塾長例会での経営問答。
M&Aの留意点を問われた稲盛の答えは、「三方よしの買収が企業のさらなる隆盛をもたらす」。

企業を買収するときには何が一番大事なのか、ひいては企業経営に何が大事なのかというと、すべてのものをずうっと省いていけば、結局はトップが従業員を魅了するというか、惚れさせることです。そしてトップの思う通りに従業員が動いてくれるようにするということだと思います。会社をよくしようと思えば、採算を合わせる云々という問題がありますが、会社をうまく運営するためには、経営者がこうしたい、ああしたいと思うことを従業員に伝え、従業員がそれに対して気持ちよく積極的についてきてくれるのか、くれないのかということに尽きるわけです。

もちろん経営者がボンクラで、ヘンな方向に指図をしたのではとんでもないことになります。そうではなく、経営者として優秀な才能を持った上に従業員を魅了できる

か、つまり、従業員が惚れ込んでくれるような人間性を持っているか、ということなのです。

例えば、中小企業の場合には、しっかりした経営理念がない会社も多いです。私は経営理念が一番の基本であり、一番大事なものですよと言っていますが、その経営理念とは、従業員が賛同し、共鳴してくれるようなものでなければなりません。自分だけが納得して、自分だけが悦に入っておるようなものではダメです。従業員が「なるほど、うちの社長が言う通りだ。私どももそうありたいと思う」と共鳴をしてくれる、または賛同してくれる、あるいはその経営理念を共有してくれるものでなければなりません。

ですから、他社から「うちの会社を買ってくれないか」と言われて、「買います」と答えるならば、まずは「おたくの会社を買います。そして私がオーナーとして経営をしていきますが、私はこういう経営理念でおたくの会社を経営します。おたくの従業員の皆さんは、それについてきてくれますか」と言わなければならないのかもしれません。また、従業員のほうも「うちの社長は朝から晩まで『働け、働け』と言うが、働かせたあとは何もしてくれなかった。それに比べて今度の経営者はしっかりした経営理念を持ち、我々に働け、頑張ってくれとは言うが、その結果についても、こうしてあげるという明確な基準、方針まで立ててくれている。この社長なら今までの社長よりも、我々はもっとついていきたい」と思ってくれる。そういうものでなければならないと思います。

まさに企業を売る経営者から幹部社員、一般従業員までが、今度の新しい経営者についていったほうが、今までよりは遥かに幸せだと思えるような宣言が、まず要るわけです。つまり、今の経営者はこの会社を売りたいと言っているけれども、我々も売られたほうがいいと従業員が思えるように、買う前にそういう表明をすることが必要なのです。

例えば、私がA社の社長だとして、B社を買うとします。私はA社の社長であると同時にB社の社長になりますが、B社はB社のままで運営していく。次にC社を買って、それもC社のまま運営していく。そういうふうに別々の会社のままで運営していくものを「買収」というわけです。一方、A社がB社を吸収して一つの会社にしてしまうことを「合併」といいます。そのほうが社長も一人で済みますし、場合によってはB社を一つの事業部門として運営していくこともできます。

この買収、合併には、困っているので買ってくれないかと相手が言ってくるケースと、自分の事業を展開していくのに、どうしてもその会社がほしくて自分から買いにいくという2つのケースがあります。そのときに、もし買われる側の経営者並びに社員の人たちが、あの会社に買われることはイヤだと言った場合には、「敵対的買収」となります。相手がイヤだと言っても、それを押さえ付けて買ってしまうというものです。

世間には、高齢になってきたが後継者もいないので、会社を譲りたいと思っている中小零細企業の経営者はゴロゴロいるわけです。また従業員も、経営者が高齢で気力もないものだから不安になっている。もっとピチピチした、張り切った新しい経営者が来てくれたほうがいいと思っている。つまり、経営者も売りたいと思っているし、従業員も売られたほうがハッピーだと思っている状況にある中小企業はたくさんあります。そういう会社を買収する場合には敵対的買収ではなく、友好的買収となります。

向こうの経営者が買ってくれと言ってきたわけですが、そのときに問題になるのは、こちらが買うことに対して、向こうの従業員がどう思っているかということです。ですから、「今度の社長に来てもらってよかった。今までの社長よりもよかった」と従業員の人たちが思ってくれるように、「私はこういう経営理念でこの会社を経営します」とピシッと言うことは何より大事になります。同時に、赤字だった会社を赤字のままにしておくわけにはいかないので、「必ず黒字にします。そのためには、今までのようにぬるま湯に入っているようなことではダメです。皆さんには必死で頑張ってもらいます。頑張ってもらった結果、業績がよくなれば、皆さんの待遇もよくしてあげます」とも言うべきなのです。

いわれなき誹謗中傷に耐えて咲かせた大輪

京セラが最初にM&Aをしたのは、大きなところではサイバネット工業という会社でした。1970年代、今の携帯電話と同じように、一時トランシーバーというものが流行りました。トラック野郎同士が無線交信をしながら走るというトランシーバーが全米で流行した頃、それを売っていたのが日本のメーカーで、その最有力メーカーがサイバネット工業という会社だったわけです。富士通の技術屋だった人がつくったベンチャービジネスの会社でした。恐ろしいほど注文が舞い込んで、次から次へと拡張していきました。日本国内にたくさんの工場をつくり、たちまちに何百億円という売り上げになったのですが、そのブームが続いたのはたった5~6年。ブームが去っていくに従って急転直下、輸出がパッタリ止まって倒産寸前となりました。従業員が1000名ぐらいに膨れ上がっていたために、窮地に陥っていました。

そのときに、京セラにいた富士通出身の役員を通じて、社長さんが助けてくれと言ってこられました。たいへんな赤字を抱えていましたが、社長さんに京セラの株をお渡しして、その会社を引き受けることになりました。

引き受けたとき、実はその会社を大して調べもしませんでした。「助けてくれ」と言われた、その一点のために買収をしたのです。後からわかりましたが、サイバネット工業の中には新左翼系の先鋭的な組合がありました。その人たちが後々、京都中を街宣車で走り、京セラを誹謗してまわったのです。私の家の塀から近所の電柱にまでビラを貼って、「悪徳経営者！　こんな悪い経営者の下で労働者はこき使われ、苦労しているんだ」と。学生だった私の子供が近所を歩けないぐらいのひどいビラでした。ろくに調べもせずに助けてあげたために、そういう目に遭ってしまったわけです。

組合の連中がしょっちゅう東京から京都まで来て、しかも全国の組合まで動員して、京セラの非難、私の非難をする。それは5年間続きました。その中でも私は耐えて、京セラの役員になっていた前社長にひと言のグチもこぼさず、恨みごとも言わずに頑張ってきました。

もともとダメになった事業ですから、もちろんトランシーバーはうまくいきません。その後、ステレオや複写機なんかにも手を出していたようですが、いずれもうまくいかず。すべて鳴かず飛ばずだったのですが、残った技術陣を使って、世界の誰もがつくれない、京セラだけしかつくっていない感光ドラムを使ったデジタルプリンターを開発したところ、これが何百億円という売り上げになっていきました。その後、買収して助けてあげた三田工業を立て直す元になったのもその技術です。

一方、ダメになっていたトランシーバーの技術は、私が立ち上げた第二電電の展開とパチッと合って、京セラの携帯電話の開発に生かされることになりました。

よく「情けは人のためならず」と言いますね。たいへんな目に遭いましたけれども、20年後、恩返しのようにウワーッと花が開いていきました。

次は、ヤシカというカメラのメーカーでした。つぶれかかっていたのを、このときもあまり調べもせずに助けてあげました。苦労して苦労して苦労しましたが、一人のクビも切りませんでした。第二電電を展開するに及んで、ヤシカのたくさんの人たちに京セラの仕事、第二電電の仕事をしてもらったのです。ヤシカの心ある人たちは、「稲盛さんに買収していただいて、本当によかった。もし買収してくれなかったら、あのとき多くの人が路頭に迷っただろう。その我々が、これから新しく伸びていく電気通信事業の重要な仕事に就いている。本当によかった」と、たいへん喜んでくれました。

カメラ事業としては決してうまくはいきませんでしたが、ヤシカにいた人たちが喜んでくれたのと同時に、私が第二電電というとてつもない事業展開をするにあたり、それについていけるだけの人材がヤシカにいた。両者にとって非常にプラスになったと思います。

人種偏見の垣根を越えた海外の会社との合併

アメリカの会社を合併したこともありました。日本円にして700億〜800億円ぐらいを売り上げていた、電子部品をつくるAVXという会社です。

私が京セラをつくって3年目のときです。日本では、日立に売りにいっても、東芝に売りにいっても、京都の無名の零細企業だというので信用してくれない。それならいっそのこと自由の国アメリカに行き、アメリカの一流電機メーカーに製品を使ってもらえば、日本で威張っている大手メーカーも私の製品を使わざるをえなくなるだろう。そう思って、日本で商売をしていくのに限界を感じた私はアメリカに販路を求めました。その最初に、当時隆盛を極めていたニュージャージー州のセラミック会社を見にいったのです。社長をしていたのは、その後のAVXの会長で、バトラーという人でした。工場長は、その後、京セラのサンディエゴの工場長をしてくれた人でした。

因縁めいているのですね。

その数十年後、ＡＶＸに私から話を持ちかけました。「電子工業はずっと発展したけれども、この辺でセラミック会社同士、お互いに同盟を組んで仕事をしていかなければ、ワールドワイドに展開していけない時代になってきた。一緒に仕事をしないか。私はあなたの会社を買収したいと思っているんだが」。

初めてバトラーさんと会ったときは、私が会社をつくってわずか3年、私もまだ30歳でした。売り上げも5億〜6億円ほどしかなかったと思います。当時バトラーさんはすでにアメリカの立派なセラミック会社の社長でした。それが後年、バトラーさんがやっている700億〜800億円の会社を買収したいと、逆に私が持ちかける立場になっていたわけです。

彼も当時のことをよく覚えていました。

「あなたがうちの会社に来たときのことを覚えている。その後、あなたが日本で素晴らしく発展していることも、新聞雑誌で知っていた。たいへん懐かしい思いがする。そのあなたと一緒に組むのなら、私もいいと思う」

「私も電子部品で、あなたも電子部品です。両事業が合体することによって、世界の電子部品業界でのリーディングカンパニーになっていきたいと考えている。そしてお互いの従業員を幸せにしていこうと思っている。また、あなたの会社はニューヨーク証券取引所に上場しているから、たくさんの株主がおられるだろう。その株主の方々にも、私は喜んでもらえるようにしたい」

そうして買収の話はまとまったわけですが、そのときのAVXの株価は、ひと株17〜18ドルぐらいだったでしょうか。買収するにあたって私がその株を5割増し、30ドルで買いましょうと提案したところ、彼もオーナー経営者で大株主なものですから、「30ドルなら株主の人たちも喜ぶでしょう」と答えてくれました。ただしそれは現金で買うのではなくて、京セラもニューヨーク証券取引所に上場していたため、30ドルの値段で京セラの株式と交換です。つまり、AVXの株主は、買収後、京セラの株主になるわけです。京セラの株主になっても、それは上場している株なので、売ろうと思えばいつでも売って現金にできます。京セラにしても、現金を一銭も使わないで株券を印刷するだけで買収ができます。

ところが、実際の買収の詰めを双方の弁護士でやっているうちに、バトラーさんもだんだんと欲が出てきて、もっと高くしてもらわないといけないと言い出したのです。彼がそう言い出してくるたびに、後で回収できるかできないかを自分で計算しながら、なるべく買収される側の気持ちを汲んであげようとしました。普通、買収する側はなるべく安く買おうと思うものです。うちの弁護士は「そんな高い値段では！」と言うし、みんなも「それはあかん、あかん」と私の袖を引っ張るのですが、私は「それでええ。相手に喜んでもらわなければならんのだから」と言いました。

結局、30ドルから値段が上がっていって、向こうの経営陣も株主の人たちも、みんなハッピーだという値段、同時に買収後、私が経営していく自信のある値段で株式を交換しました。ベラボウに高い値段で買ったのでは後がダメになるので、経営をしていく自信のある値段で買いました。向こうの経営陣も、株主の人たちも、みんな喜んでくれました。

その喜んでくれている状態は、会社の工場にも従業員にも、即伝わるものです。AVXの工場は、東海岸のサウスカロライナにありました。アメリカの東海岸でも最も保守的な州です。第二次大戦後も、最も日本に心を開いていない州でした。ですから、アメリカの企業を日系企業が買収し、１００％京セラの会社になることには非常に抵抗があるわけです。しかも、従業員の中には元軍人がたくさんいました。実際、京セラという日本の会社に買収されるという噂が流れたときには、「これはたいへんだ、黄色いジャップが来て経営者ヅラをされたのではたまったものではない」という雰囲気だったそうです。

ところが、経営者も株主の人たちも、みんなハッピーだと喜んでいるし、経営陣の人たちが事前に「今度は京セラという素晴らしい会社がオーナーになります。素晴らしい経営者ですから、皆さんも安心してください」という話をしていたため、私が最初にＡＶＸに乗り込んで行ったとき、従業員の人たちが総出で迎えてくれました。

そこには戦争花嫁でアメリカに渡った日系の人たちも少数おられました。齢も60を過ぎた人たちばかりでしたが、その人たちが拙い字で「稲盛社長　歓迎！」と横断幕に書いて、工場内にたくさん貼ってくれていました。そして今までは有色人種、黄色い人種に対してあまり好意を持っていなかった人たちが、大歓迎で迎えてくれた。白人の経営者や幹部たちが「京セラは素晴らしい理念を持ち、礼に厚い素晴らしい会社ですよ」と言ってくれていたことが、全従業員からの歓迎に反映しているわけです。

その状況が業績につながり、買収したときに８００億円の売り上げだった会社が、10年後には２８００億円を売り上げました。しかも、利益が1年間で８００億円も出る会社になりました。買った値段は日本円で６００億円ぐらいでしたが、現金を一銭も使わずに、京セラの株を配っただけなので、要ったのは印刷代のみ。それが10年後には、年間８００億円の利益を出す、本当に素晴らしい会社に成長してくれました。

現在、世界中にＡＶＸの工場が展開しています。

つまり、買収をしたときに、その経営者にみんながついてきてくれるということが一番大事なのです。冒頭で伝えたように、買われる人も買う人も、また買われる側の従業員も、全員がハッピーだと思うような買収をすれば、絶対に成功します。

アメリカ、ヨーロッパでは買収は日常茶飯事です。ただ、欧米の人たちは歴史上、戦争をして侵略するということを繰り返してきた人たちですから、買収をする場合には必ずそういう意識が出てきて、買う側は横柄な態度をとるわけです。つまり、力の論理で屈服させる、札束でほっぺたを叩いて従わせる。そういうふうに力でもって治めていくのか、それとも東洋で言われる徳、人間性で治めていくのか。それによってまったく違った結果になります。

21世紀、買収等をして従え治めていくには、人間の徳をもってしていかなければならないと思います。あの人ならいいという徳でもって従えていく。武力でもなければ財力でもない。技術力でもなければ権威でもない。徳でもって相手の会社を従えていくという方法でＭ＆Ａをし、事業を拡大していくのは、非常に面白いことではないかと思います。

―インタビュー―京セラ株式会社 元常務／京セラミタ株式会社 初代社長 関 浩二

再生の本質は、どう喜ばせられるか、どう感動させられるか

工場見学で感じた「この人は違う」

サイバネット工業は、私を含めた4人で立ち上げた会社でした。もともと富士通で展開していたビジネスでしたが、半導体に力を入れるために小さなビジネスをやめることになった。所属していた音響機器部門がなくなることになったんです。

ただ、アメリカにはその部門でつくっていたトランシーバー製品を販売している会社があって、事業がなくなると困ってしまう。この会社を救わないといけない、ということで独立して製品を供給しよう、となりました。

私はもともと先に退職するつもりでいたんですが、一緒にやらないかと誘われて、加わることにしました。ビジネスのベースはすでにありましたから、それはもうものすごい勢いで成長しました。それこそ、ボーナス袋が横向きに立つ、なんて時代もあったんです。私は役員でしたので、関係ありませんでしたけど。

ところが、アメリカのチャンネル変更や輸入規制など、いろんな問題があって一気に売り上げが落ちて、まさに倒産寸前まで行きました。会社をスタートさせて10年目。私は41歳になっていました。

当時は福島工場の工場長でしたが、賞与もない、昇給もない中、とにかくあちこちから仕事をもらってきて、なんとしてでも社員を食わせた

い、という思いでいました。

もちろん、会社としてもできることはやろうと、他の工場を一つ売却したんですが、それで組合ができてしまった。この組合が過激化し、後に稲盛さんにご迷惑をかける、大きな問題を起こしてしまうことになります。

実は福島工場には、いろんな会社が見学に来ていました。社長が引き取ってもらえる会社を探していたんでしょう。このとき、稲盛さんも来たことがあったんです。それで、私の工場を見てもらった。

何社か工場案内していますから、私はもう慣れていて、それなりにコースをつくって説明していたんですが、稲盛さんは最初から他の会社とは違いました。この人は違う、と思いました。

他の会社の人は、私の誘導についてこられて、「関さん、これはすごいね」とか「よくあんなのできるね」とか、そんな評価をもらって、「ありがとうございます」と終わることがほとんどでした。

ところが稲盛さんは、見方が違う。一通り行ったあとに、また戻ったりする。「関さん、あそこをもう一度見せてほしい」。あるいは「どうしてこれはこうなるのか」と質問したり。ああ、この人は現場をやってきた人だな、とすぐにわかりました。

とにかく微に入り細を穿ち、知ろうとする。大会社の社長でこんな人がいるんだ、と初めて知って驚きました。

カラオケで歌われた「みちづれ」

その後、サイバネットの幹部は京都に集められて、京セラを訪問することになりました。何をするのか、私たちは聞かされていない。先に社長が稲盛さんと話をしている間、会議室のようなところで待っていました。ずいぶん長い時間に感じられました。

それで夕方になって、どうぞ、と案内されたのが、だだっ広い和室なんですよ。これはなんだと思ったら、お酒がテーブルの上にずらりと並べられている。何が始まるのかと、びっくりしました。

テーブルは4つに分けられていて、それぞれ京セラの幹部が入ってきました。私のところには最初、ソ連の経験を持っていた近藤徹さんが来ました。いわゆるコンパですね。そして、人がどんどん入れ替わって、稲盛さんからもいろいろ質問を受けて。

工場のこと、部品のこと、社員のこと、いろいろ聞かれて一生懸命、私からも訴えました。社員を安心させてやりたくて、なんとか京セラに加わりたかったですから。

時間が経過して、稲盛さんが「よーし」と立ち上がって、こう言いました。

「よし。サイバネットの人たちはみんないい人だ。これはね、決めた。やろう。頑張りましょう。結婚です」

結婚は、お互いに知らない人同士が一緒になっていくわけだから、お互い努力しないといけない。これを強調されました。私は、これで社員がみんな喜んでくれる、とうれしかった。

さらに稲盛さんは、「よし、じゃあ飲みに行こう」と言いましてね。先斗町《ぽんとちょう》のスナックにみんなで行ったんです。「乾杯！」とやったあとは、「みんな頑張ろうな。よし、おれが歌おう」とカラオケに向かって。

最初の曲が「みちづれ」だったんですよ。いやぁ、これを聞いたとき、この人はニクいと思いました（笑）。なんという人だと。このときのコンパと歌で、私はすっかり心を持っていかれてしまったんです。

私は30歳で富士通を辞めたんですが、大きい会社では出世できないと思ったからでした。京セラに入ったからには、何でもチャレンジしようと思いました。そして稲盛さんに、なんとしてでも恩返ししたい、という気持ちが強かった。

京セラは当時、伊勢工場で複写機の開発に取り組んでいました。これが、そろそろ量産化できるか、できないか、という状況にあった。京セラが完成品を開発していたのは、意外なことでした。

私がなるほど、と思ったのは、完成品を量産できる会社を探していたのか、ということでした。そんなとき、サイバネットがまさに出てきた。タイミングがよかったんだと思います。もちろん結果的に、無線技術は第二電電でも活かされていくことになるわけですが。

200人が全国から集まって4日間の会議

私は福島から伊勢工場に転勤になり、複写機の量産を担うことになりました。しかし、私にはまったくわからない世界でした。技術も知らないし、中がどうなっているのかもわからない。でも、挑戦しようと思いました。なんとしてでも、恩返しをしたかった。

このとき、ガラッと工場をつくり変えました。月産5000台はつくらないといけなかったんですが、1000台すらできない状況だったからです。

流れるように作業ができるようにするには、設計も変えてもらう必要がありました。その後、富士ゼロックスからOEM生産の注文をもらって。これがまたよかった。完成品になるためのノウハウを、さらに充実させることができた。月産5000台を達成するんです。

当時、京セラでは毎月、全国から幹部が集まる会議がありました。これが4日間あって、私も出席するように言われました。営業から技術から、200名くらいが集まってくる。

京セラはセラミックスの事業を横展開、縦展開で一気に広げていき、かなり広範囲になっていましたが、稲盛さんはすべて理解しているということを知りました。この会議で、どんなことが起きているのか、すべてがわかるからです。

営業の問題、技術の課題、お客さんのこと、すべて稲盛さんはこの会議の前に報告を受けていて、指示を出していた。だから、稲盛さんが知らない部門はないんです。どこでどういう開発をしていて、それが今どこまで進行していて、この先どうなるのか。お客さんからどんなオファーが来ているのかも、すべて把握していた。担当者と同じだけの知識を持っているということです。だから、的確な指示が出せる。

そして会議では、一人10分で各担当者が発表していく。「はい、次」「はい、次」と呼ばれるわけですが、甘っちょろいことを言っていると雷が落ちます。チョークが飛んでくることもある。何を聞かれるかはわかりません。

「お前のところ、人件費はなんぼや?」

こういうことをいきなり聞かれる。すぐに答えられなければ大変です。だから、担当者はすべて数字を暗記していました。何がどうなっているのか、すべて把握しておかないといけないんです。

同時に、これはものすごく勉強になるわけです。自分の事業がしっかり理解できるだけでなく、他の事業が何をやっているのかもよくわかる。取り組みを共有できる。

ああ、これがサイバネットとの違いだ、と思いました。まるっきり違う。厳しいんですよ。そして面白いのは、稲盛さんは人を見て叱ることです。私など、いくら怒られても倒れないほうなので、強烈に怒られるんです。

前年対比105%達成でホッとしていたら、「どうして110%をやらないんや」と来る。「お前の計画が甘いんやないか。もっとできたはずやないか」。常に、今日より明日。明日より明後日。絶対に甘くなることはないんです。

お前は弱音を吐きに来たのか、と

複写機の事業の成功については、褒められたこともあります。それは、工場をつくり直すときに、お金をほとんどかけなかったことです。それには、本当に驚かれていました。いやぁ、よくこれを考えたなぁ、と。

それから次に手がけたのが、パソコンでした。稲盛さんが飛行機の中でたまたま隣り合わせになったアスキー創業者の西和彦《にしかずひこ》さんから、「これからの時代はパソコンですよ」と教わって、それを伊勢工場でつくることになったんです。

私はパソコンなんかまったくできない。またしても、挑戦でした。このときも、工場をつくり変えて。すると、アメリカのメーカー、国内のメーカー、すごい勢いでＯＥＭのオーダーがやってきて。これもうまくいって。

私は器用だと思われていたのかもしれませんが、完成品の経験のある私を伊勢に送り込んだのは稲盛さんなんです。それがすべて、ですよね。

ところが、複写機の技術からデジタルプリンターを開発し、それを生産することになったときには、私に声がかからなかった。指定されている工場もまったく量産に向いていない。これは違う、と私は思いました。量産化するなら、そこよりは小さいけれど私の工場のほうがいい、と確信していたからです。

そこで、直談判して「私にやらせてください」と提案しました。稲盛さんは「小さな工場ではダメだ」と言われましたが、うまくいく理由があった。稲盛さんなら絶対にわかってくれると思いました。２時間粘ったら、「わかった、よし、やれ」と言われて。

そしてこのプリンター事業が大きく成長して、部門を部長として率いていたとき、役員になるんです。稲盛さんに呼ばれて、こう言われました。「今度、役員にする。家族にもいろいろ苦労かけたと思う。奥さんにも喜んでもらいなさい」

うれしかったですね。学歴とかサイバネット出身とか、まったく関係なかった。認めてもらえた。

そのプリンター事業の延長線上に三田工業の再生がありました。一緒になれば、デジタルプリンター事業を、もっと大きくできると思ったんです。京セラでは機械系や工学系の技術者は、なかなか採用できなかったことも大きかった。

ただ、京セラミタの社長にはなりましたが、経営の経験はありません。営業の経験もなかった。英語もできない。それなのにポッと社長で行って、成功するとは誰も思っていなかったと思います。

倒産した会社ですから、銀行からお金を借りられない。私は稲盛さんのところに行って、「万一、お金に困ったときには、京セラから借りたい」と言いました。すると、こう返されました。

「わかった。その代わり、お前、担保を出せ」

担保はないことは稲盛さんもわかっている。要するに、お前は弱音を吐きに来たのか、というお叱りだと思いました。「わかりました。借りません」と言って帰りました。

高い目標をつくるから、みんな考える

稲盛さんの話で私が最も好きなのは、「自利利他」なんです。「利他」が強調されることが多いんですが、私は「自利」も大事だと思っています。

自分が損して利他だけ、つまり他者にいいことばかりしていたら、これでは商売になりません。相手に利を与えて、結果それが自分に返ってくるのが「自利利他」の本質です。

ただ、ものを安く売ったとか、まけて何かしたからって、利が返ってくるとは限りません。ものやお金ではないんです。相手が喜ぶ、感動する、素晴らしいと感じる。「いやぁ、この人のためなら」と思う。これこそが、大事だと思うんです。

商売というのは信用が大事です。信用第一。ですが、信用が信頼になったら、もっと商売は楽になります。これが尊敬というところまで行けば、またステージは変わる。これを持っているのが、まさに稲盛さんですよね。

稲盛さんは、全社員から好かれ、尊敬されている。サイバネットから来た社員も、みんな心酔していました。これこそが、経営者でなければいけない。そしてこれこそが、事業の立て直しの本質だと私は思っていました。

だから、京セラミタでも、それを実践しました。

どう喜ばせられるか、どう感動させられるか、みんなが「うわー」と思ってくれるか。それを常に考えました。微に入り細を穿ち、怒ってみたり、褒めてみたり。

そして原点に持つべきは、立て直しが好きであること。人の心を変えていくことが好きだということ。もっといえば、社員が好きであること。社員をとにかく大事にすること。

京セラミタの社長に就任して、最初に１５００人の全社員を集めてメッセージしました。直接、伝えたかった。みんなを応援したかった。きっとうまくいくと思ったし、そのためには頑張ってくれると思いました。

三田工業は、周囲がびっくりするスピードで再生していきました。そして私が社長を務めた10年で、一度も売り上げを落とすことはありませんでした。すべて前年比、プラスです。

何より社員が頑張ってくれたわけですが、私が何をしたのかというと、要するに稲盛さんになったんです。稲盛さんだったら、こう考えるんじゃないか。稲盛さんだったら、絶対こうする。稲盛さんに自分を置き換える。それで経営をしたんです。

稲盛さんからは、何の指示もありませんでした。報告には行っていましたが、戻ってくるのは、「もっとやれ」だけです。だから社員にも「もっとやろう」と具体的な数字を挙げました。

高い目標をつくるから、みんな考えるんです。チャレンジもする。最初の幹部会議で、「利益率を10％にして業界ナンバーワンになろう」と言いました。みんなの顔には「赤字会社なんだぞ」と書いてあった。「でたらめ言うな」と。「無理に決まっている」と。

でも、できるんですよ。実際、本当に実現したんですから。どこまで真剣にとらえるか。本当にやろうとしているのか。それこそが、稲盛さんの教えなんです。

（２０２２年４月）

関浩二　せき・こうじ

1937年、茨城県生まれ。水戸工業高校卒業後、富士通に入社。所属部門がなくなることをきっかけに、'68年、富士通出身者4人でサイバネット工業を立ち上げる。急成長を遂げるも、諸問題により倒産寸前となり、京セラと合併。伊勢工場に転勤となり、複写機、パソコンの生産を担当。その後、プリンター事業を部長として率いていたときに、三田工業の再生に携わり、京セラミタの初代社長に就任。10年間社長を務めた。

第10章

世のために働く

約200億円の私財を投じて稲盛財団を設立。
先端技術、基礎科学、思想・芸術の3部門で、人類に貢献した人たちを称える京都賞を創設した。

自分に与えられた
資産は、社会から
預かったもの。

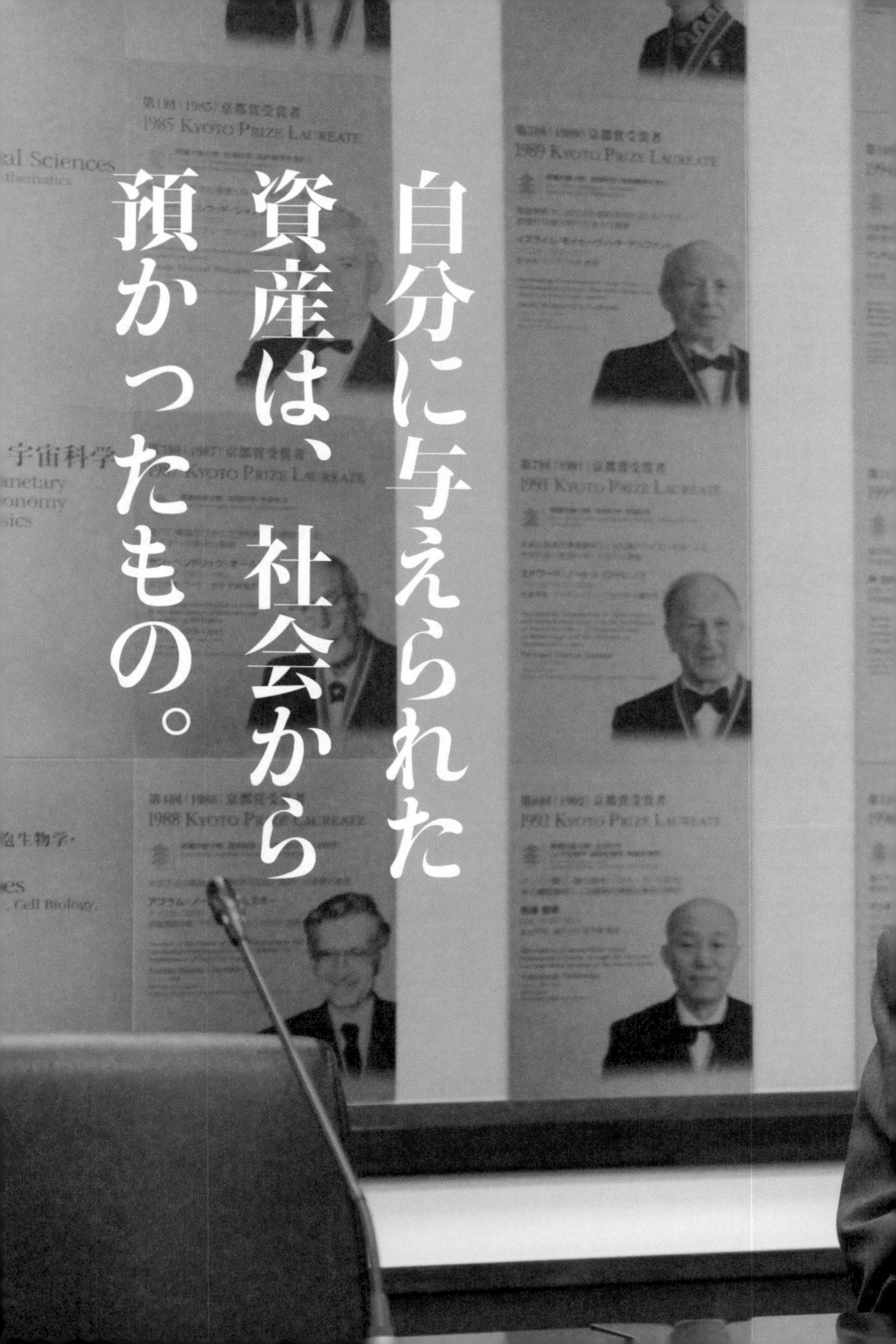

利を求むるに道あり。財を散ずるに道あり

2005年2月18日、全国日本学士会「アカデミア賞」社会・国際部門を受賞した稲盛。その記念として、自身の経営哲学と稲盛財団が主宰する京都賞について講演を行った。

昭和34年（1959年）に徒手空拳で創業した私が、なぜ会社を大きく発展させることができたのか。それは、会社の経営を通じて、「人間として正しいことを貫く」ということに努めてきたからに過ぎないと、私は考えています。

「利を求むるに道あり」、つまり「利益を得るためには何をしてもいいというのではない。利益とは人間として正しい道を貫き、得られるものでなければならない」と、自らを戒めるとともに、そのような考え方に基づく企業哲学を社内で共有することに努めてきました。

このことで、京セラはお客さまや取引先、従業員、さらには社会からの信頼を得て、また経営の判断を誤ることもなく、今日まで成長発展を果たしてきました。まさに、

この「人間として正しいことを貫く」ということ、つまり「利を求むるに道あり」という考え方は、経営において根幹をなすことであると私は思っています。

そもそもの資本主義は、「世のため人のため」に始まった

歴史をひもといてみますと、資本主義はキリスト教の社会、なかでも特に倫理的な教えの厳しいプロテスタントの社会から生まれていることがわかります。

著名なドイツの社会科学者であるマックス・ウェーバーによれば、彼らはキリストが教える隣人愛を貫くために、労働を尊び、日常生活はできるだけ質素にして、産業活動で得た利益は、社会の発展のために生かすということをモットーとしていました。そのため、企業は誰から見ても正しいと思われる、公明正大な方法で利益を追求しなければならず、またその最終目的は、あくまでも社会の福利厚生に役立つことでした。つまり「世のため人のために役立つこと」が、彼らプロテスタントの、そして初期資本主義の倫理規範だったのです。

日本においても、江戸時代中期に、商業資本主義の萌芽が見られた頃、石田梅岩《いしだばいがん》という思想家が現れました。彼は、「商いにおける利潤追求は罪悪ではない。ただし、商いは正直にすべきであり、決して卑怯な振る舞いがあってはならない」と、商いに

おける倫理観の大切さを説いています。また、「実《まこと》の商人は先も立ち、我も立つことを思うなり」とも言っています。つまり、日本でも資本主義の勃興期に、「企業は社会正義を追求すべきであり、企業人は高い倫理観を持つべきだ」という考え方が広く普及していたのです。

このように、欧米でも日本でも初期の資本主義は、その担い手である経営者が経済活動を通じて社会正義を実践し、人類、社会の進歩発展に貢献するためのシステム、いわば「社会に善きことをなすシステム」として理解されていたのです。また、その高い倫理観ゆえに、資本主義経済が急速に発展したともいえるのです。

ところが、その資本主義発展の原動力であるべき倫理観は、皮肉なことに経済発展とともに次第に希薄になり、いつのまにか企業経営の目的や、個々人の人生の目的が、「自分だけよければいい」という利己的なものに堕していきました。こうして心の規範を失った結果、日本や米国の社会は一様に荒廃してしまったのです。

資本主義は、金儲けのためなら何をしてもいいというものでは決してありません。厳しい精神的規範があってはじめて正常に機能し、自由な経済活動が許されるものであるはずです。

日本の産業界でもさまざまな不祥事が続発し、かつて脚光を浴びた名経営者と呼ばれていた方々や、歴史を誇る大企業が没落していきました。また、そのために産業界に対する国民の不信感を招いてしまいました。このような危機的状況を脱するためには、資本主義の発展を支えてきた倫理的側面の重要性を改めて認識し、資本主義の担い手である経営者自身が、誰から見ても普遍的に正しい経営哲学を確立し、自らを厳しく律していかなくてはなりません。

そのために私は、大学やビジネススクールにおいては、最新の経営手法やノウハウを教えるだけでなく、資本主義の原点にあった「自分のためだけではなく、社会のために利益を追求する」というような哲学をも、ぜひ教えていくべきであろうと考えています。また、そうすることが、真の日本経済の再生への道でもあると信じています。

さて、そのような哲学を、日本はもとより海外においても、全社で共有することに努めてきた結果、私が徒手空拳で創業した京セラは、想像もできなかったほどの大発展を遂げ、上場を果たし、その結果として、創業者であった私は図らずも大きな資産を得ることになりました。

私は元来、仕事一途に打ち込んできただけに、多くの人から資産家と呼ばれるようになってからも、そのような意識を持つこともなく、庶民的な生活を送ることで満足をし、幸せも感じてきました。そして、自分に与えられた資産については、社会からお預かりしたものであると考えてきました。

この私の思いをより強いものにしてくれたのが、若いときに学び始めた仏教です。次第に、仏の教えに強くひかれるようになり、自ら本をひもときながら、また、妙心寺670世の西片擔雪管長猊下《げいか》のご指導を仰ぎながら、仏が説く「利他」という思想の大切さを確信するようになっていきました。

「利他」とは、「他に善かれかし」と願う慈悲の心のことであり、言い換えれば「世のため人のために尽くす」ことであろうかと思いますが、私はこうした行為こそが、人間として最高の行為であると考えるようになってきたのです。

また、そのような教えを得た頃から、先にお話しした「利を求むるに道あり」とともに、「財を散ずるに道あり」、つまり財産を使うにも正しい考え方と正しい方法があると考えるようになりました。資産とは、自分自身の欲望や快楽のために使うものではなく、「世のため人のために」こそ使うべきものだと考えるようになったのです。

実際に、世を見渡してみますと、刻苦勉励の前半生を送り、功成り名を遂げ、巨万の富を築き上げながらも、後半生では私利私欲にまみれ、晩節を汚していく方がおられます。そんな姿を見て、自分は決して晩年を誤ってはならないと強く思うようになっていきました。

そのようなことから、「利他」の道を実践することを固く誓うようになり、少しずつ社会貢献事業に取り組んでまいりました。

社会から預かった自分の財産を基に「京都賞」を創設

私が京都賞を創設したのも、この「利他」の道の実践の一つです。

私は27歳のときに京セラを創業して以来、ファインセラミックスの開発と、会社経営に心血を注いできました。その結果、幸いにも会社が順調に成長を遂げたことから、私が手がけた技術開発や事業経営を対象として、さまざまな賞をいただく機会が増えてきました。そんな折、昭和56年（1981年）に東京理科大学の伴五紀《ばんいつき》教授から「伴記念賞」をくださるというお申し出を頂戴しました。私は授賞式で先生にお目にかかって、本当に自分が恥ずかしく思えました。

はなはだ失礼ではありますが、伴先生はご自身の特許から得られるわずかばかりの資金で顕彰事業を続けておられました。一方、企業経営で成功を収め、ある程度の資産を持つことになった私が、嬉々としてもらう側にいる。これでよいのだろうか、本当は自分が差し上げるほうに回らなければいけないのではないのかと強く感じたのでです。

またその後、京都大学の矢野《やの》暢《とおる》先生に、そのことをお話ししましたら、「それはよいアイデアです。ぜひ実行されるべきです。私はノーベル財団と親しいので、お手伝いしましょう」と言ってくださいました。

さらにその後、通産省の資源エネルギー庁長官であった森山《もりやま》信吾《しんご》さんにも相談しました。私が「若いうちは社会に還元したいと言っていても、年がいくにつれ、次第に惜しくなってやめてしまう人が多い。そうならないうちに、お預かりしたお金を社会に還元しなければならない。そう思うのだが、周囲からは年齢的に早いと言われ、迷っている」と言いましたら、「いや、早くありません。すぐにやりましょう」と後押しをしてくれました。

こうして昭和59年（１９８４年）４月に、私の持っている京セラの株式と現金を合わせた２００億円相当を基本財産として、稲盛財団を設立しました。また、そのとき京都賞という顕彰事業を行うにあたり、「京都賞の理念」をつくりました。

それは、先に述べた、京都賞創設の動機を、そのまま表したものです。

つまり、「人のため、世のために役立つことをなすことが、人間として最高の行為である」という私の人生観を第一に掲げ、次に「人知れず努力している方々が心から喜べる賞を創設し、顕彰したい」という私の願いをあげ、さらには「科学文明と精神文化のバランスのよい発展に寄与したい」ということを理念としてまとめました。

この「京都賞の理念」は、京都賞の審査を行う際にも、常に原点として立ち戻る、まさに「生きた理念」となっています。

具体的な賞の設定にあたっても、この理念を基に検討を進め、基礎科学部門に加え、先端技術部門を設けました。これはノーベル賞にはない京都賞の大きな特徴の一つで、人類が現在享受している近代文明に大きな恩恵をもたらせた応用技術に、ぜひ焦点を当てたいと考えた次第です。

その他、思想・芸術部門を設けました。これは、私が科学技術の進歩には、それを使う人間の精神的深化が不可欠であり、両者のバランスがとれてはじめて、人類の未来は確かなものになると考えているからです。このことから、京都賞には、音楽や美術、映画、演劇、倫理・思想など、人間の精神に関する活動を顕彰する部門を設けたいと考えた次第です。現在では、この思想・芸術部門があることが、京都賞の大きな特色の一つであると言われています。

京都賞の審査は、部門ごとの専門委員会と審査委員会、さらに全部門を統括して審査にあたる京都賞委員会からなる3審制で行われ、約3年をかけ、厳正な審査が行われています。

結果、過去の京都賞受賞者の中から何名もの方が、その後ノーベル賞を受賞されました。これは、京都賞の審査の厳正さと、審査にあたる先生方の見識の高さを表しているものと、私は自負しています。


これまでを振り返ってみますと、この京都賞を通じて、素晴らしい方々との出会いがあったことを、私はたいへんうれしく思っています。

京都賞の理念の中に「京都賞を受賞される資格者は、謙虚にして人一倍の努力を払い、道を究める努力をし、己を知り、そのため偉大なものに対し敬虔なる心を持ちあわせる人でなければならない」とあるように、これまでお目にかかった京都賞受賞者は、本当に素晴らしい方々ばかりでした。やはり、半生をただひたすら一つのことに打ち込んでこられたその真摯な姿勢が、風格のある素晴らしい人柄をつくるのだと思わずにはいられません。

京都賞の賞金5000万円（注・現在1億円）も、社会へ還元されている方が多いことにも驚きます。例えば、第3回受賞者であるポーランドの映画監督、アンジェイ・ワイダ氏は、賞金を基に「京都・クラクフ基金」というものを設け、ポーランドに日本美術を紹介するセンターをつくられました。

また、第13回受賞者のダニエル・ハント・ジャンセン博士も、ご自身の賞金を全額、熱帯雨林の保護にあてられました。その他、第11回受賞者の林忠四郎《はやしちゅうしろう》博士は、賞金から日本天文学会に寄付され、それを基金に「林忠四郎賞」が設けられました。

私はもとよりこの京都賞を、研究や創作一筋に打ち込んでこられた方々を顕彰してさしあげたいという思いで始めましたから、賞金はご自身のためにお使いいただければいいのですが、結果として、善意の連鎖反応が起きていることに、心から喜びを感じています。

私はこのことを糧として、今後も「京都賞の理念」を忘れず、人知れず努力を重ね、人類、社会の発展に貢献されている研究者や技術者、また芸術家や思想家の方々を、京都から顕彰し続けていきたいと考えています。

―インタビュー―京都大学 iPS細胞研究所 名誉所長 教授 山中伸弥

重さを実感した、「人類に対する貢献」という観点

研究助成金を受けた50人の一人ひとりと握手

初めて稲盛さんにお目にかかったのは、稲盛財団から研究助成金を受けた２００４年でした。私が京都大学に移る前、まだ奈良先端科学技術大学院大学にいた頃で、まったく無名の研究者でしたが、応募をしたところ１００万円の助成をいただいたんです。

このとき、私を含め50人の助成対象者がいたんですが、その証書を、一人ひとりに稲盛さん自身が手渡しをされ、握手をしていただいたのを鮮明に覚えています。

雲の上のような方が、私たちのためにこんなに時間を取っていただいて、一人ひとりに対応していただいたことに感激しました。

そして再びお目にかかることになったのは、２０１０年の秋、稲盛財団の「京都賞」先端技術部門を受賞したときです。

「京都賞」は授賞式が盛大に行われることでも知られています。その前後には、稲盛さんや理事の方々と会食の機会が数日にわたってありました。私は受賞者ということで毎回、稲盛さんの近くに座らせていただいて、とても緊張していました。

ところが稲盛さんという人は、多くの人が関わったり、仕事の場だったりというパブリックの立場での席と、そこから離れたプライベートな席とでは、かなり印象が違うんですね。パブリック

の場では、本当に「利他」を常に重視されていて、とても厳しい方です。

何より自分に厳しいですし、同じ厳しさを周囲に求められると思いましたから、とにかく私は固くなっていました。ところが、そうしたパブリックから離れて、プライベートで食事をするとなると、私に気遣われるところもあったんだと思いますが、まったく別の顔が見えるんです。

一度、何人かで食事をしていたんですが、ときどき、お姿が見えなくなる。やはりビジネスの連絡などでお忙しいのかな、と思って聞いてみると、京都サンガの試合が気になってしょうがなかったのだと言われまして（笑）。なんとも人間味のある意外な面を持っていらっしゃると思いました。

「京都賞はノーベル賞に匹敵する」と恩師

「京都賞」の存在は、私が受賞する前からもちろん知っていました。しかし、自分には縁のないものだと思っていましたから、詳しい内容を知っていたわけではありません。

ありがたいことに、iPS細胞技術の開発で「京都賞」を含め、いくつかの賞をいただきましたが、やはり「京都賞」というのは違うんだな、ということをこのときに知りました。

多くの賞は、その科学的な業績に対して賞をいただいて、iPS細胞という新しい科学を顕彰していただいていると感じていました。

「京都賞」にももちろんそういう面もあるわけですが、業績だけに出されるわけではない。それ以上に、人類に対する貢献という観点から選考されている。これはまさに稲盛さんの人生観そのものであり、他の賞とは違うところだと思いました。

そのことは稲盛さん本人からも、また理事の方々からも繰り返し聞かされました。ですから、「京都賞」をいただいて、もちろん光栄であることとは間違いないのですが、それ以上に責任の重さを痛感しました。重たい賞なんだな、と感じましたね。

実際のところ、iPS細胞はまだできて、そんなに時間が経っていません。ですから、社会に貢献ができていない。今もまだまだこれからです。ですから、賞をいただいて終わりというのではなく、何か叱咤激励されているような、そういう気がしました。

稲盛さんからは、「研究費は足りていますか」というお話をいただいたことを覚えています。

もう一つ、いくつかの賞をいただいて、改めて感じたのは「京都賞」の賞としてのスケールの大きさでした。これはもう、世界トップレベルだと思います。ノーベル賞も1週間にわたってストックホルムの街が盛り上がるわけですが、「京都賞」もそれに匹敵していました。

私のノーベル賞授賞式にはアメリカ人の恩師も来ていましたが、彼は20年くらい前にも研究仲間の受賞でストックホルムに行かれていたんです。

そのご夫妻を「京都賞」にもお招きをしていて、その感想が「京都賞はノーベル賞に匹敵する」というものでした。ところが、ノーベル賞に比べると海外での認知度がまだまだ低い。それがとてももったいないという話をされていました。

対談で返ってきた「僕は違う」という言葉

その後、2014年には、書籍『賢く生きるより辛抱強いバカになれ』(朝日新聞出版)のために、2日にわたって対談の機会をいただくことになりました。稲盛さんと、そんなにたくさんの時間を共有させていただけたというのは、本当に夢のような話でした。

稲盛さんは私の父親と同じくらいの年代なんですが、私は父親をずいぶん早くに亡くしていたこともあって、この年代の方とじっくり話したことはあまりなかったんです。だから、このときもかなり緊張していました。

しかも、私としては稲盛さんのお話をずっと拝聴していたいところなんですが、企画は対談ですから、そうもいかない。ということで、一生懸命、何を言うのかを考えていたんです。

もちろん稲盛さんとは組織の規模がまるで違うものの、当時、私は京都大学iPS細胞研究所の所長という立場になっていました。研究開発に一生懸命取り組んでいましたが、私なりの心掛けについて語ってみることにしたのでした。

それが、「研究開発はマラソンだ」というものでした。「15年、20年とかかる研究ですから、ペースをよく考えて、最後までゴールを切れるように頑張っています」と。

そうすると、稲盛さんから思わぬ返答が戻ってきたんです。「僕は違う。僕はいつも全力疾走なんだ」と。

対談が始まってまもないタイミングで衝撃の返答を受け取ってしまって、「申し訳ありません」という感じになり……。この先はいったいどうすればいいのかと、頭が真っ白になったのを覚えています。

たしかに、マラソンでも世界トップのキプチョゲ選手など、私から見るとまさに最初からゴールまで、私の全力疾走より速いくらいのペースで走っています。

マラソンでも、プロと愛好家では違うわけですが、組織を率いるという点でも、複数の企業をつくったり、立て直したりした人と、数年前に数百人の研究所の所長になった人間とでは、こんなに違うのか、と痛感しました。

逆にこのとき、「足るを知る」と言いますか、自分には真似は絶対にできない、逆立ちしても超一流の経営者にはなれないと思いました。当たり前のことですが、直接、目の前で見せていただいて、貴重な経験になりました。

ものづくり意識が、iPS細胞を生んだ

もう一つ、対談でやはり印象に残っているのは、「利他」が首尾一貫しているということです。これはなかなか真似のできることではない。

「京都賞」のようなところには私財をどんどん使われていくわけですが、普段は奥さまと近所のうどん屋さんに行かれて、一杯500円のうどんを食べておられる。「誰にも気づかれへんかったわ」などと笑って話しておられる。どうしてここまで「利他」が貫けるのか、私も知りたいとずっと思っていました。

そして稲盛さんはやっぱり理系だな、ものづくりの人だな、とお話をしていて感じたんですが、それも「利他」につながっているのではないかと思いました。稲盛さんに流れているものに、「役に立ってなんぼ」という意識があるのでは、ということです。

レベルは違うんですが、私の父も祖父も理系で、ものづくりを一生懸命やっていました。私の中にも、「役に立ってなんぼ」という気持ちが流れていると思っているんです。

それこそiPS細胞というのは、見つからなくてもよかったものなんです。例えば、ワトソン、クリックのDNA二重らせんの発見は、仮に彼らが見つけなかったとしても、必ず他の人が見つけていたと思うんです。でも、iPS細胞は違う。

名前も人工多能性幹細胞ですから、生命の原理を発見したというわけではない。やっぱり技術なんです。ES細胞の研究をしていたわけですが、受精卵と同じですから、それがなぜ心臓になり、血液になるのか。そこを研究するのが当然の流れなんですが、私はそうじゃなくて、わざわざそれを逆方向に戻してしまった。これは別にやらなくてもいいことで、自然には起こらない。基本的には起こらないんです。

でも、そこに興味を持ったのは、今から考えると父や祖父の影響だと思っています。私がiPS細胞の研究をし始めたのは、父や祖父から受け継いだ、ものづくりの考えが、どこかにあったからだと思っているんです。

「京都賞」の受賞者である私は、人生で「利他」という言葉を忘れることはないと思います。稲盛さんの思いに背かないようにしないといけない、という思いが、もうすっかり刷り込まれています。同時に「利他」がいかに大変なことか、ということも。

「京都賞」の授賞式の頃、稲盛さんはちょうどJALの再建に尽力されていました。周辺の道路では、一部の社員から抗議が行われていました。「京都賞」の稲盛さんと、経営者の立場としての稲盛さんと、その両方の姿を私はそこで見ることになりました。

稲盛さんが経営者としていかに厳しい人生を生き抜いてきたか、それを垣間見た瞬間でした。「利他」の素晴らしさ、そして「利他」の難しさ、両方を見せてもらったんです。

私は長く研究所の監督のようなことをやっていましたが、2022年からはもう一度、選手に戻りました。やらなければいけない研究に、再び取り組んでいます。

（2022年5月）

山中伸弥　やまなか・しんや

1962年、大阪府生まれ。神戸大学医学部卒業、大阪市立大学大学院医学研究科修了(博士)。米国グラッドストーン研究所博士研究員、京都大学再生医科学研究所教授などを経て、2010年から京都大学iPS細胞研究所所長、'22年4月から同名誉所長。'20年から公益財団法人京都大学iPS細胞研究財団の理事長も兼務している。コッホ賞('08年)、ラスカー賞('09年)、京都賞('10年)、ウルフ賞('11年)など受賞多数。'12年、ノーベル生理学・医学賞受賞。同年、文化勲章受章。

第11章

大義を持つ

動機善なりや、私心なりしか」繰り返し自分問う。

1984年、第二電電企画株式会社創立披露パーティにて、右からソニー・盛田昭夫《もりたあきお》氏、電電公社・真藤恒《しんとうひさし》氏、稲盛、セコム・飯田亮《いいだまこと》氏、ウシオ電機・牛尾治朗《うしおじろう》氏、第二電電企画・森山信吾氏、同・千本倖生《せんもとさちお》氏。

日本の長距離電話料金は高過ぎるのではないか

KDDI本部長勉強会(2016年2月16日)で、稲盛は通信事業への新規参入に至った過程を話し、「大義名分を持て」と鼓舞。

ＫＤＤＩの社是には「動機善なりや、私心なかりしか」という言葉があります。その由来について、考えてみたいと思います。

それは、１９８４年に、私がＫＤＤＩの前身である第二電電を創業したときにさかのぼります。その年、日本は電気通信事業の自由化という大きな転換期を迎えていました。それまで国策会社として運営されていた電電公社が民営化されＮＴＴとなると同時に、通信業界に新規参入が認められることになったわけです。

当時、国内の長距離電話料金がたいへん高いことは多くの国民が認めるところでした。東京―大阪間の電話料金は3分間４００円もしました。赤電話の公衆電話ボックスから、京都―東京間で公衆電話をかけるときは、10円玉をたくさん用意し、次から次へと投入していかなければ、通話が切れてしまうという時代でした。ところが、私がアメリカに出張したときなどに、カリフォルニアからニューヨークまで長距離電話をすると、京都―東京間よりもずっと遠距離であるにもかかわらず、わずかな料金で済んでいました。

私は、日本の電話料金の水準が世界的に見てもあまりに高く、国民に大きな負担を強いているばかりか、日本の情報化社会の発展を妨げているという思いを強く抱いていました。

そんな中、新規参入が認められるにあたり、私は経団連あたりを中心に大企業がコンソーシアム（企業連合）をつくって参入してくれるのではなかろうかと思っていました。しかし、明治以来、日本の津々浦々に電話回線を引き、膨大なインフラを持つ国策企業の後継であり、4兆円もの売り上げを誇るNTTに対抗できるはずがないと、誰もが二の足を踏んでいました。

もし大企業がコンソーシアムをつくって挑戦したとしても、おそらく若干の値下げをする程度で、NTTと新電電が住み分けをするだけの可能性もあります。

国民が安い電話料金を期待しているのに、利権を分け合うだけで真の競争が行われず、料金の引き下げが進まないかもしれない。私は矢も盾もたまらず、自分が長距離電話事業を始め、通信料金を安くしなければならないのではないかと考え始めました。

通信の「つ」の字も知らない私が通信事業に乗り出すのは、まさに無謀な話でした。しかし、日本の国民のために長距離電話料金を安くしなければならないという一心から、正義感に燃えた若い男が敢然とＮＴＴにチャレンジすることが、日本に必要ではないかと思うようになったわけです。

私はＮＴＴの若い技術陣の中で、「世のため人のため」という、同じ志を持った仲間を募りました。そして、10人ほどのＮＴＴの若い技術者と頻繁に勉強会を行いました。当時、ＮＴＴの若い技術者の方々に京都に来てもらい、鹿ケ谷《ししがたに》にある和輪庵《わりんあん》というゲストハウスに集まってよく会合を重ねたものです。彼らの話を聞けば聞くほど、「どうしてもやりたい」という思いが、力強く湧き上がってきました。

「動機善なりや、私心なかりしか」

しかし、すぐに参入を決めたわけではありません。私は自問自答を繰り返しました。通信事業に乗り出そうとするのは、本当に国民のために通話料金を安くしたいという純粋な動機からだけなのか。動機は、一点の曇りもない純粋なものなのか。その問いを「動機善なりや、私心なかりしか」、つまり動機は善なのか、私心はないのかという意味の言葉に込め、毎晩どんなに遅く帰ったとしても、寝る前に自分に問いかけました。

心の中で、「お前は近く到来する情報化社会において、国民のために通信料金を安くしたいと言って、通信事業に乗り出そうとしている。その思いは本当なのか。そこに私心はないのか。自分を世間によく見せようと、スタンドプレーをしようとしているのではないか」と、もう一人の私が私自身に、毎晩問い詰めたのです。

このように自らに厳しく問いかけたのは、「国民のために通信事業に参入する」という動機は、絶対に本物でなければならないと思っていたからでした。つまり、心の底から、魂から、そのことを強く信じていなければならないと思っていたのです。

何か事業をするとき、動機が善、つまり美しい心から発したものであれば、結果は必ずよくなる。逆に動機が不純では絶対にうまくいくはずがないと、私は固く信じていました。またそれは、公共性の高い通信事業であれば、なおさら当然のことであるはずです。

半年ぐらい自問自答を繰り返し、ようやく自分の動機は善であり、そこに一切の私心はないことが確信できました。そうであれば、いかに困難な事業であろうと実行しようという勇気と熱意が心の底から湧き起こり、私は第二電電の創業を決意しました。

そして、京セラの役員会を開いて、「国内の長距離電話事業に乗り出したい。しかし、確かな勝算はない上に、約1000億円の投資が最初に必要だ。失敗して無に帰してしまうかもしれない。しかし、どうしてもやりたいと思うので、理解してほしい」と、諄々《じゅんじゅん》と話しました。

当時京セラには、創業以来営々と蓄えてきた、1500億円ほどの現預金があり、その貴重な資産の大半を失う可能性があることから、当初全員が反対でした。しかし、私の必死の説得に京セラの役員たちも同意してくれ、第二電電設立に向けて第一歩を踏み出すことができました。

若手社員の懸命な努力は国民のため

この「動機善なりや、私心なかりしか」という精神に常に立ち返り、事業を展開していくことは、企業を成長に導くのみならず、社是の筆頭に掲げた「心を高める」ということにもつながっていきます。この「心を高める」ということは、第二電電創業からの展開において、社員とともにまさに実践してきたことです。

通信事業の自由化にあたっては、第二電電に続いて2社が名乗りをあげ、3社競合でスタートすることになりました。

京セラを母体とした第二電電は、3社の中で圧倒的に不利だという前評判でした。経営者である私に通信分野の経験や知識がなく、また他の2社に比べて、事業を始める上で最も重要な通信幹線のルートの構築が容易でないということが、その理由でした。

旧国鉄を母体にした日本テレコムは、新幹線、鉄道線路沿いに光ファイバーを引けば、簡単に東名阪に高速通信ネットワークを構築できました。また道路公団、建設省にトヨタが加わった日本高速通信は、高速道路沿いに光ファイバーを敷設すれば、簡単に通信網を構築できました。一方、第二電電にそのようなインフラはありません。

当時、私は国鉄総裁のもとへ、線路沿いに光ファイバーを引かせてほしいと頼みにいきましたが、言下に断られてしまいました。国有財産を一企業に占有させるのはアンフェアではないかと反論しましたが、一笑に付されてしまったのです。また道路公団にも、高速道路沿いに光ファイバーを引かせてほしいとお願いにあがりましたが、やはり相手にされませんでした。

そうなると第二電電には、大阪—東京間にマイクロウェーブという電波による通信ルートを整備するしか、方法は残されていませんでした。

ところが、これも簡単にはいきません。電波は日本の空を縦横無尽に飛んでおり、政府機関、例えば自衛隊や米軍の電波と混線してしまえば、たいへんなことになります。また、どの電波がどのルートで飛んでいるかは国家機密です。そういう状況の中で、開業までにマイクロウェーブのルートを見つけるのは不可能と言ってもいい状況でした。

困っている私に助け舟を出してくれたのが、当時の電電公社の総裁、真藤恒さんでした。新電電が成長し、競争状態ができないと電電公社が分割されるかもしれないという事情もあり、電電公社が確保しているルートの空き回線を使わせてくださったのです。

第二電電はようやく、通信網の整備に着手することができました。しかしそこから先も、困難の連続でした。まずマイクロウェーブの中継基地を、東名阪の山中に設置していかなければなりません。

ところが、設置する山頂までは道もないため、まずは山の中に道路をつくらなければなりません。そして鉄塔を建て、大きなパラボラアンテナをヘリコプターで吊り上げて設置します。夏はヤブ蚊、ブヨに悩まされ、冬は雪と凍てつくような寒さの中、第二電電の創業期を担った若者たちが、アンテナを次から次へと山頂に建てていきました。

それも競争相手の2社と同時に営業開始できるように急ピッチで建設を進めなければならず、ハードなスケジュールとなりました。しかし、若い社員たちの献身的な努力のおかげで通信ルートの構築が進み、競合会社と同時に営業を開始することができました。その原動力となったのは、まさに「国民のため」という思いでした。

社員や顧客の共感を呼ぶ

しかし、営業を始めた後も、第二電電の劣勢は否めませんでした。最初は新電電3社とも、法人を顧客とする専用回線サービスで開業しました。

日本テレコムは、母体である国鉄が毎年膨大な資材を購入するため、納入業者に、「日本テレコムをぜひ使ってくれ」と圧力をかけることができました。また日本高速通信は、母体であるトヨタの取引業者に働きかけることができました。一方、第二電電は、京セラの取引先、そして出資してくださったウシオ電機、セコムなどの企業にお願いしましたが、その数は決して多くありません。

私は「第二電電は、一般の国民のために創業したのです。だから、半年後に開通する一般向け電話回線でこそ、多くの契約を獲得しよう」と、社員を鼓舞しました。第二電電の従業員はもちろん、京セラの従業員も含めて皆で、他社に先駆けていち早く営業体制を敷き、懸命に一般向け回線の営業活動を行いました。

私は当時、従業員たちに、次のようによく話していました。

「国民のために長距離電話料金を少しでも安くしようと思い、この会社を立ち上げました。今日、同じ思いで集まってくれた皆さんは、同志です。たった一回しかないこの人生を、お互いに生きがいのあるものにしていこうではありませんか。今、我々は、電気通信業界の自由化という１００年に一度の転換期に遭遇しています。この歴史的な大舞台に立つチャンスを得られた幸運に感謝し、国民のために長距離電話料金を安くするという目的のため、力を尽くそうではありませんか」

このように懸命に訴えかけていきました。その結果、第二電電の全従業員が心から事業の成功を願い、誰にも負けない努力を続けてくれました。また、そうしたけなげな従業員の姿を見て、多くの代理店の方々も必死で応援してくれるようになり、さらには多くのお客さまも支持してくださいました。

こうして、一般向けの通信回線の獲得数では、第二電電がトップに立ち、その後もトップを走り続けたのです。

「動機善なりや」から「心を高める」へ

第二電電の経営が軌道に乗った後も、私は自らにも、第二電電の幹部や社員にも、それぞれの心に「動機善なりや、私心なかりしか」と問い続け、創業の目的を忘れ驕《おご》ることがないようにお願いしました。

また会議の席上では必ず、「我々は電気通信料金が高いという日本の現状を憂えて、通信事業に参入しました。安価な料金で国民に通信サービスを提供することが、わが社の創業の目的であるはずです。ですから、少しくらい成功したからといって、決して浮かれてはなりません」と、自分も社員も戒めてきました。

思い返せば、第二電電創業からの道のりは、「謙虚にして驕らず、さらに努力を」重ねることを自らに課し、またそのことを通じて、自らの心を高めるよう促すことの繰り返しでした。

つまり参入前は、「動機善なりや、私心なかりしか」と、通信事業にかける思いは本当のものなのか、厳しく自問自答しました。創業後は、その思いを全従業員と共有するように努めました。

また従業員も私の思いを真正面から受け止め、さまざまな困難を乗り越え、国民のための通信サービスの提供に努めました。さらに、経営が軌道に乗った後も、「国民のため」という創業の思いを忘れないよう、懸命に努めてくれました。

このように、全社をあげて世のため人のために善かれかしと願い、懸命に努力を重ねてきたわけですが、これはまさに、全社一丸となって、心を高めてきた歴史であると言って過言ではありません。

第二電電設立から10年経った1995年、若手社員が中心となって、今後もこの創業の精神を大切にしていこうという議論がなされました。そして同年6月、創立記念日に、第二電電の社是が「『心を高める』〜動機善なりや、私心なかりしか〜」と定められました。それが、現在のKDDIへ受け継がれているのです。

通信事業が軌道に乗っても、チャレンジはさらに続いた

インタビュー　KDDI株式会社 代表取締役社長　髙橋 誠

スケールの大きな挑戦にほだされた

僕は工学部出身なのですが、大学を卒業する１９８４年当時、理系は就職が引く手あまただったんです。大企業の推薦も得られる環境にありましたが、大企業の駒になるのは嫌だな、という思いを持っていて、当時ベンチャー企業の代表格だった京セラに興味を持ちました。

滋賀県出身でしたから、故郷に近いところで働けるかも、という甘い期待もあった。大学４年間、東京で好き勝手させてもらいましたので。担当教授からは、とても厳しい会社だよ、と言われました。

同期の新入社員は３００人以上いて、配属を考えるにあたり、各事業部が勧誘レクチャーを行ってくれました。自分たちの事業部はこんなことをやっている、と説明してくれるわけです。

そこで異質な事業が一つあった。これが、電気通信事業でした。プレゼンをしたのは、電電公社から転じた千本倖生さん。セラミックスの会社をつくった稲盛さんが、通信事業に挑戦することを考えているというわけです。それはもう鮮烈でした。

今もはっきり覚えているのが、「ＪＲが民営化されたとき、国鉄社員の中で最初にお客さまに頭を下げたのは関西の社員だった」という話です。東京の私鉄は放射状に走っていますから、ＪＲと

はあまり重ならない。ところが、関西は私鉄の阪急と阪神がＪＲと並行して走っています。

国鉄は、民営化されて初めて民間との競争にさらされ、お客さまの存在を強く認識することになった。競争が行われ、切磋琢磨を続けていく中でこそ、真にお客さまによいサービスが届けられる、というわけです。

そして、これは通信の世界も同様である、と。電電公社の独占状態のところに民間が入っていくことによって、世の中はもっとよくなる。だから、京セラは新たに事業に参入し、競争を通信の世界にも持ち込む。そうすることで、今は高い長距離電話の料金を安くするのだ、と。

この発想のスケールの大きさと、アリがゾウに挑むんだという構図に、新入社員の多くはほだされました。この新しい事業に挑戦してみたいと、次々に手を挙げて志願したんです。

そんな中から9人が選ばれ、僕はその1人となりました。前身となる本部に配属され、やがて第二電電企画株式会社ができ、出向しました。ところが数ヵ月すると会議室に呼び出されて、「転籍にするから」と言われました。

ベンチャーとはいえ、東証一部上場企業の京セラ、しかも世界的なセラミックスの会社に入社したつもりが、名もないスタートアップ企業の一員になってしまったわけです。ただ、とにかく面白そうでしたから、びっくりはしましたが、なんとも思っていませんでした。

ただ、その後クレジットカードをつくろうとしても審査が通らずに苦労することになります（笑）。ベンチャー企業からのスピンオフをいきなり経験したことは、僕自身にとって大きな転機になりましたね。

「パーパス」を、全社員が明確に持っていた

当時の第二電電企画は、東京・用賀にあった京セラの東京中央研究所の5階の一室がオフィスでした。メンバーは稲盛さんの元に集まった元電電

公社の人たち数名と、京セラから来た数名、それから新入社員9名。

ＫＤＤＩグループは今、4万9000人の組織になっていますが、始まりは20人ほどだったんです。まさに、小さなスタートアップベンチャーです。

ただ、京セラを率いていた稲盛さんが会社を立ち上げ、「では、あとは頑張れ」ということにはなりませんでした。「オレがやるからついてこい」というのが、稲盛さん流でした。

当時、社長を務めていた元通産省の森山信吾さんからも、毎週のように「新入社員は社長室に集まれ」と声をかけてもらい、夕方から酒盛りをして、いろんな話をしてもらいました。もう亡くなられましたが、本当に器の大きな方でした。実は僕は社内結婚第一号で、森山さんに仲人をしてもらったんです。

夕方からの酒盛り、京セラでいうコンパには、稲盛さんもときどき加わりました。そこで聞いたのが、「動機善なりや、私心なかりしか」の話でした。

自分は京セラが得た利益を使って新しい事業に挑戦する。京セラの従業員に、こんなことをやらせてくれと頼むにあたり、動機は何かをとにかく自分に問うた。自分の利益を考えた私心のためでなく、日本の通信料金を下げるためにやるのだ。それは間違いないことかと、ずっと自問したのだ、と。

後に会社はどんどん人数が増えていき、稲盛さんからの講話がときどき行われることになりましたが、必ずあったのが、この「動機善なりや、私心なかりしか」の話でした。

自分たちの仕事は、国民の電話料金を安くしたいという真に善なる思いから生まれた。その大義に基づくものであるという話は、当時の社員全員にしっかり根づいていたと思います。今でいうパーパスを、全社員が明確に持っていたということです。

稲盛さんや社長の森山さんと車座になって酒を飲み、直接いろんな話が聞けたというのは、振り返れば、本当に幸運なことだったと思います。ところが、僕たち新入社員は、これしか知らないわけですから、会社というのは、こういうものだと思っていました。

しかし、京セラの人から見れば、とんでもなく羨ましいことだったと聞きました。稲盛さんと直接、話をする機会なんて、普通はほとんどない。職場に顔を見せることだって、なかなかない。ところが、第二電電ではしょっちゅう会社に姿があるし、話も真剣に聞いてもらえるわけです。

ただ、稲盛さんは大変だったと思います。手足になるのが、新入社員しかいないわけですから。

そんな僕たち新入社員は、というと、電気通信事業法の法案通過が1年ほど遅れることになり、1年間研修漬けになっていました。幸運だったのは、一緒に働くことになった電電公社出身の人たちは、MBA修了者が多かったことです。

電気通信の基礎から始まり、マーケティング、英会話、パソコン研修等、みっちり勉強させられました。中でもこのとき新鮮だったのが、プレゼンテーション研修です。今から40年ほど前に、すでにA4横書きの資料を使ったプレゼンの仕方を教わっていたんです。これは、その後の人生に大きなプラスになったと思っています。

当時、ベンチャー企業だったリクルートやぴあを訪問して、ベンチャー企業の何たるかを学べたのも、貴重な経験でした。

周囲の反対をよそに、移動体通信に挑む

稲盛さんはじめ、当時の経営陣がよく言っていたのは、「とにかくやるしかない」でした。狭いオフィスは熱気に満ちていましたね。新人だった僕たちも、やがていろんな戦略を考えるようになるんですが、手取り足取り教えるというよりは、任せていくスタイルでした。

そうなると、上層部が何を考えているのか、情

報がほしい。そこで始まったのが、シュレッダーの当番の取り合いでした。上層部が会議をしているのは5階のフロア。それが終わると文書を破棄するよう頼まれるんですが、シュレッダー機は1階にあった。

そこで、1階に運ぶまでの間に、何が書かれているのかをのぞき見したんですね。やっぱり興味があるじゃないですか。

例えば、長距離電話をどんな方式で敷設していくか。光ファイバーもあるし、衛星もあるし、マイクロウェーブもある。当時の最先端は、光ファイバーでしたが、第二電電はそれを敷設する用地を持っていませんでした。

競合は国鉄と道路公団をベースとした会社でしたから、鉄道と高速道路という用地を持っていたわけです。用地がないので、僕は衛星でやるのかと思っていたんですが、衛星は遅延があるんですね。それで、これではいかんと稲盛さんが最後に決断して、マイクロウェーブでやることになった。

こうした意思決定のための資料も、僕たちがつくるわけですが、結論は会議で決められるので、その様子がわからない。だから、シュレッダー係は貴重だったんです。

マイクロウェーブを使うことが決まり、東京―大阪の間で11ヵ所の中継基地を設置することになりました。中継基地を無線でつないでいくんですが、新入社員から一人2局ずつ割り当てられました。

まずやらないといけないのは、中継基地を置く土地を購入することでしたが、これが大変でした。「第二電電です」と言っても、わかってもらえない。しかも、設置するのは、山の中だったりするわけです。一生懸命、山を歩いたのを覚えています。

そして長距離通信の事業が軌道に乗っても、稲盛さんはチャレンジを続けるんですね。それを思うと、いわゆるサラリーマンというのは、やはり新しいことを考える癖がないのではないか、と改めて思います。車座のコンパに相変わらずやってきては、こんなことをやりたいんだ、と常におっしゃっていました。

その後、移動体通信を始めるときも、周囲からは「そんなものはうまくいかない」という声が上がりました。光ファイバーの時代なのに、無線を使った方式なんて、どうなのか、と。しかし、今では、携帯電話の時代になっている。

実は先日、グループの金融会社の幹部と話をしていて、稲盛さんが第二電電構想時、社員に説明するのに使ったビデオの話になりました。稲盛さんはその中で「最終的には国民一人ひとりが手に持つデバイスから通信できるようになる」と言われていました。

しかも、「そこからお金が送れるようになる」とも言われていたんです。まだ通信が民営化される前から、そんな構想があった。そして長距離通信の後に、実際に移動体通信事業への参入を決断された。

現在、我々は、携帯電話を主軸の事業とし、金融事業に進出しています。稲盛さんは、1980年代から、そんな構想をお持ちになっていたんです。その構想力のすごさには、驚かされるばかりです。

「フィロソフィに立ち返って、やり直せ」

第二電電では、僕は最初の10年間はマイクロウェーブのルートでNTTに対抗する設備をつくり上げることに没頭しました。そして次の10年は、移動体通信という新しい事業を日本で拡大させていくことに没頭することになりました。

ただ、東京エリア、名古屋エリアを持っていたIDOと、それ以外のエリアを持っていた我々、さらには国際通信を持っていたKDDを一緒にしないとNTTには勝てない。こうして、2000年にKDDIが誕生することになります。

次は、モバイルにインターネットを入れるという「ＥＺｗｅｂ」の仕事を10年。さらにＪＣＯＭのＭ＆ＡをはじめとしたＣＡＴＶ事業、またグローバル事業、経営企画などを経て社長になりました。

常に新しい事業の立ち上げにチャレンジする人生を歩ませてもらったことは、本当に感謝しています。そして、構想したことは必ず実現できる、熱い思いを持って取り組めば必ず達成できるという、新入社員のときに植え付けられたスピリットは、その後の社会人人生においても、常にベースになりました。

仕事キャリアの中で強く感じてきたのは、市場においては競争が極めて大事だということです。自由競争からのみ、お客さまに真によいサービスが届けられるということです。

「動機善なりや、私心なかりしか」という思いのうえで、企業の果たす目的を明確にする。そうすることで、「熱い思い」が芽生えてきて、その結果、会社は伸びていく。これもまた、若いときから学んできたことでした。

楽天が携帯電話事業に参入してきたとき、ＫＤＤＩがローミングで協力したのは、競争には価値があると考えていたからです。いずれは競合になるにしても、市場環境を整えていくことには、大きな意味があると思いました。

もとより第二電電がマイクロウェーブを導入するときには、ＮＴＴに助けてもらったという歴史もあります。

競争を市場に持ち込み、民間同士でしっかり競争し、いいサービスをつくるということを、やっぱり繰り返す必要がある。稲盛さんが、電気通信事業に参入したときの原点には、今も強く共感しているんです。

もう一つ、これは今の年齢になって強く感じていることですが、フィロソフィというものの価値です。今から十数年前、ｉＰｈｏｎｅが市場に投入され、ＫＤＤＩは一時的に苦戦していました。

稲盛さんはちょうどＪＡＬの再生に取り組まれ

ているタイミングでしたが、役員としてお会いする機会があり、実は厳しく叱られました。

「君らはダメだ。フィロソフィにもう一度、立ち返って、やり直せ」

こうして、当時の田中孝司《たなかたかし》社長の号令のもとで、合併後おざなりになっていたＫＤＤＩフィロソフィを再度、会社の基軸にしたんです。ここから、社内でフィロソフィ活動が始まり、今も引き継いでいます。

新入社員時代には正直、フィロソフィはよく理解できていませんでした。しかし、年を経てフィロソフィの項目を読むごとに、改めてその大切さが理解できました。

今、中期経営戦略を策定しているところですが（注・インタビュー時点）、世の中で企業経営において大切であるとされているパーパス経営やサステナビリティ経営、企業の成長と社会の持続的成長の循環の重要性など、どれもフィロソフィにはしっかり定義されています。

経営者として、稲盛さんが経営の基本としてきたフィロソフィというものの重要性に、改めて気づかされる毎日です。

それにしても、20人で始まった会社が今や大企業になり、その社長になっているというのは、自分でも信じられないことです。実は本人は今もベンチャー企業にいるつもりなので、ベンチャー企業への投資には意欲的なんです。

ベンチャー企業が大きくなっていくストーリーを理解しているつもりですから、投資するときも単にシナジーを求めるのではなく、その会社をいかに大きくできるかを一義に考えないといけないといつも思っています。

フィロソフィに「利他の心」がありますが、ベンチャー企業に投資したら、その会社が一番になるよう考える文化が、ＫＤＤＩには浸透しています。おかげで、スタートアップ企業に対するサポートがとてもしっかりしていると評価いただき、賞も頂戴しています。

2018年に社長になり、稲盛さんにご挨拶に伺ったとき、こんな言葉をいただきました。

「ああ、ついに髙橋くんがやるのか、頑張りなさい」

第二電電をつくったときの新入社員ですから、当時のことを思い出されていたかもしれません。あの新入社員が、社長になった。

若者が熱くなれる環境をいかにつくり上げていくか。それも、経営者の大きな役割です。

（2022年6月）

髙橋 誠 たかはし・まこと

1961年、滋賀県生まれ。'84年横浜国立大学工学部金属工学科卒業。'84年京セラ入社。同年第二電電入社。2003年KDDI執行役員 ソリューション事業本部コンテンツ本部長兼コンテンツ企画部長、'10年代表取締役執行役員専務、'16年代表取締役執行役員副社長、'18年4月代表取締役社長。

第12章

使命を果たす

謙虚にして驕らず、才能を私物化しない。

2010年、経営破綻した
JALの再建を請け負う。
まず、リーダーたちの
意識改革に心血を注いだ。

大義を果たすために奉仕する

２０１５年10月30日、稲盛は京都市立桃山中学校にて講演。自身がＪＡＬの再建を果たしたことを例に、「君の思いは必ず実現する」と語った。

２００９年の年末、私は政府から「日本航空（ＪＡＬ）が倒産しかけている。再建のために日本航空の会長に就任してほしい」と強い要請をいただきました。私は航空業界には全くの素人であり、また高齢でもあります。引き受けてよいものかどうか、たいへん悩みました。私はその任ではないと思い、何度も何度も断りました。また、私の友人や知人、そして家族の誰もが大反対でした。「晩節を汚すのでは」と心配してくれる人も多くいました。

考え悩んだ末、「世のため人のために役立つことをなすことが人間として最高の行為である」という私の若い頃からの人生観に照らし、またこれから申し上げる三つの意義からも、最終的にはお断りすることも叶わず、日本航空再建の要請を引き受けることに決めました。

ただし、高齢であるため、当初は「フルに勤務することはできないだろう。だから、週に3日ほどの勤務になる」と申し上げました。京都に自宅があり、家内もそこに住んでいることから、引き受けるとなればホテル住まいになってしまいます。そのことも理由になって、「週に3日くらいなら勤務できるだろう」と申し上げたわけです。同時に、「週に3日の勤務ですから、給料は要りません」と申し上げ、日本航空の会長職を引き受けさせてもらいました。

お引き受けすると返事をしたものの、航空業界には全くの素人です。確かなものは何も持ち合わせていません。新聞雑誌でも、「誰がやっても日本航空の再建は難しいのに、メーカー出身の技術屋あがりの経営者である稲盛が再建しようとしても、決してうまくいかないだろう」と冷ややかに言われていました。

日本航空再建の三つの大義

それでも、私の信念が揺るがなかったのは、日本航空の再建には利他の心に基づく三つの意義があると考えたからです。

一つ目は、日本経済の再生のためです。日本航空は日本を代表する企業であるだけでなく、伸び悩む日本経済を象徴する企業にもなっていました。その日本航空が政府の支援を受けても立ち直ることができず、再び破綻してしまえば、日本経済に多大な影響を与えるだけではありません。日本国民までも自信を失ってしまいかねません。一方、再建を成功させれば、あの日本航空でさえ再建できたのだから、日本経済が再生できないはずはないと、国民が勇気を奮い起こしてくれるのではないかと思ったのです。

二つ目は、残された日本航空の3万2000名にのぼる社員の雇用を、何としても守っていかなければならないということです。私が政府に請われて日本航空に行ったときには、5万人近くいた社員の中から1万6000人に辞めてもらわなければならないという、たいへん悲惨な状況に陥っていました。それは、会社が倒産し、会社更生法という法律のもとで、弁護士、会計士の方々が集まって決められたものです。私は、残った3万2000名の社員たちを何としても救ってあげたいと強く思いました。

三つ目は、国民のため、すなわち飛行機を利用する人たちの便宜をはかるためです。

もし、日本航空が破綻すれば、日本の大手航空会社は1社だけになってしまいます。それでは競争原理が働かなくなり、運賃は高止まりし、サービスも悪化してしまうはずです。これは決して国民のためになりません。健全で公正な競争条件のもと、複数の航空会社が切磋琢磨していくことでこそ、利用者により安価でよりよいサービスが提供できます。そのためには、日本航空の存在が必要だと考えたのです。

日本航空の再建には、このような利他の心に基づいた三つの大きな意義、つまり「大義」があると考え、私は日本航空の会長に就任し、再建に全力を尽くす決意をしました。

「思い」は素晴らしい力を発揮する

私は会長に就任後、この三つの大義を日本航空の社員たちにも理解してもらうように努めました。社員たちもそのことを通じて、日本航空の再建は、単に自分たちだけのためではなく、立派な大義があるのだ、世のため人のためにもなるのだと理解してくれ、努力を惜しまず再建へ協力をしてくれるようになりました。

高齢であるにもかかわらず、誰もが困難と考えていた日本航空の再建を無報酬で引き受け、命をかけて頑張っている私の姿を見た社員たちが感激してくれたということも、幸いしたのかもしれません。当初は週3日くらいの出勤と考えていましたが、日本航空の本社に詰める日が週に3日から4日、4日から5日と次第に増えていきました。80歳を前にして、週のほとんどを東京のホテル住まいで過ごし、夜の食事がコンビニのおにぎり2個になるという日もしばしばという生活を送るようになっていきました。

そのような姿勢で懸命に再建に取り組んでいる私の姿を見て、多くの社員が「本来なら何の関係もない稲盛さんが、あそこまで頑張っている。我々は自分の会社のことなのだから、それ以上に全力を尽くさねばならない」と思ってくれたようです。

そして、社員みんなが心を入れ替え、「思い」をかき立て、一生懸命に再建に取り組んだ結果、倒産してわずか3年で、日本航空は素晴らしい会社に生まれ変わることができました。

人間の心、「思い」というものは、これほど素晴らしい力を発揮するものなのです。京セラにしても、KDDIにしても、また日本航空にしても、決して初めから成功できることが見えていたわけではありません。いずれも、最初は空想みたいな「思い」、何としてもやり遂げようという「思い」から始まっていったものです。

しかし、その「思い」を強く抱き、誰にも負けない努力を続けることで、空想みたいな「思い」だったものが、想像をはるかに超えた、素晴らしい未来をもたらしてくれたのです。

稲盛和夫でなければならない理由はない

1994年11月24日、京都の平安会にて「人生と経営」をテーマに講演。
「個人の才能は社会のものである」という持論を述べた。翌年1月、京都商工会議所会頭に就任。

有名な女優の岸田今日子《きしだきょうこ》さんが、京都大学の名誉教授で心理学者の河合隼雄《かわいはやお》先生の本を読まれて感心され、日本経済新聞の「読書日記」のコラムに書かれました。私はそのコラムを読んで、たいへんびっくりしました。

そのコラムには次のようなことが書いてありました。

井筒俊彦《いづつとしひこ》という哲学者は、ヨガの瞑想をしておられ、精神を統一し、その精妙なる意識状態になったときに、自分の意識が存在としか言いようのない状態に到達した経験を何回もしておられる。その井筒先生が、「一般には『ここに花が存在している』と言うが、『存在が花している』と表現してもいいではありませんか」と言っておられる。言葉の綾ですが、井筒先生は瞑想をされて、「存在としか言いようのない自分」というものに気づかれ、森羅万象あらゆるものが存在としか言いようのないものでできているということを感じられた。そのために、「ここに花が存在している」というよりは、「存在が花している」と、このような表現のほうがいいかもしれませんということを、本に書いておられた。

それを河合先生が読まれて、そのことについて、河合先生の本の中で、「ああ、あんた、花してはりまんの。わて、河合してまんねん」と、そのような表現をしたいと書いておられた。それを岸田今日子さんが読まれて、たいへん感激をされ、「読書日記」の中に書いておられたのです。

井筒俊彦さんがおっしゃりたいのは、瞑想することによって、自分自身を尋ねていくと、最後には精妙で純粋な意識に到達し、自分がそこに存在するとしか言いようのない状態、それ以外は全部空《くう》の状態になる。それに到達した結果、自分自身だけではなくて、森羅万象あらゆるものが存在としか言いようのないものでできているということが体験的に感じられたということです。

つまり、人間というものは、「存在としか言いようのないもの」ででき上がっている。「京都大学名誉教授で、有名な心理学者である河合隼雄」というのは、ある存在としか言いようのないものが、この現世で、河合隼雄という人間を演じていますということです。「あんた、花してはりまんの」という意味は、花を演じている存在と、河合隼雄を演じている存在とはイーブンであり、差はないということを意味します。

ですから、京セラという会社をつくった稲盛和夫は、すごい才能を持った男で、10年間で第二電電を売り上げ5000億円、経常利益600億円という会社にもした。しかし、稲盛和夫という男はすごいのかもしれないが、それは存在としか言いようのないもので、ここにおられるみんなが同じ存在というものででき上がっているのです。

才能は世のため人のために使うべきもの

たった一回しかない人生において、生まれてきて、気がついてみたら、能力の差が歴然と存在します。頭のいい人、頭の悪い人もいれば、事業ができる人、できない人もいるなど、いろいろ差があります。なぜそのような差ができるのか。

まず、稲盛和夫にそのような才能を与えなければならないという理由は、宇宙には一つもありません。多様な社会を形成するためには、多様な才能を持った人がいなければならないわけです。才能も均一、背丈も一緒というのでは、社会にはなりません。

現在のこの瞬間、地球上には数十億人が住んでいますが、その数十億の人類の誰一人として、顔かたちといい、姿格好といい、同じ人はいません。全部違うのです。もちろん顔かたちが違うのと同じように、才能も違います。しかし、それはその本人が望んでもらってきたのではないのです。物心ついて、気がついてみたら、そのような顔立ちに生まれていただけです。ですから中には、生まれながらにして身体的な障がいがある方もいますし、素晴らしい頭脳を持って生まれた方もいます。それは社会を構成するには多様性がなければならないために、神と言っていいか、宇宙と言っていいか、そういうものがたまたま与えただけのことです。

京セラという会社はたいへん社会に貢献をしています。また第二電電もたいへん社会に貢献しています。ですから、そのような会社は、存在することが必要だったのでしょう。ところが、そのような会社をつくるのに、稲盛和夫が必要であったかどうかというと、稲盛和夫である必要はないのです。これは山田であっても、上田であっても、誰でもいいのです。そのようなことがやれる者が一人いればよかったのです。それなのに、人間はともすると、「おれがいなかったら、京セラはなかったではないか」「おれがいなかったら第二電電はつくれなかったではないか」「おれがつくったこの会社は全部おれのものだ」という、才能の私物化を始めるわけです。

偶然、稲盛和夫という男に、そのような才覚、才能を神が与えてくれただけであって、それは何も稲盛和夫という男でなくても、AでもBでもCでもDでも誰でもよかったのです。才能を持った人間が一人必要というだけのことであって、確率論的に言えば、ある一定の人口の比率の中に、そのような才能ある人を神がばらまいただけのことなのです。たまたまばらまいたその才能が、稲盛和夫という男に当たっただけのことです。

ですから、素晴らしい才能を持っているとすれば、その素晴らしい才能というものは、あなたのものではないのです。それは「社会のために使うように」と預かったものなのです。先ほど言ったように、この存在というのは、たまたま花を演じています、コップを演じています、人間として生まれて稲盛和夫を演じています、ということだけなのです。存在として自分が意図して稲盛和夫に生まれたわけではなく、自分が意図して花に生まれたわけではないのですから、持っている才能は社会のものであり、私物化してはいけないのです。

つまり、たまたま運よく、自分が才能をいただいたとするならば、それは「社会のために使いなさい」ということで与えられたのであって、自分のために使うのではありませんということです。そのように理解すべきだろうと、私は思っています。

―イ―ン―タ―ビ―ュ―ー―日本航空株式会社 元取締役副会長 **藤田直志**

業績報告会では、何人の幹部が退場させられたか

「残るも地獄、辞めるも地獄や。どうせなら、一緒にやらんか」

最初に稲盛さんにお目にかかったのは、どうして会社が倒産したのかを聞きたい、と呼ばれた場でした。管財人の方や関係者の方が何人かいらして、その中に稲盛さんの姿がありました。

私は経営破綻したとき、部長職にありましたので、大きな責任を感じていました。会社に残るべきか、会社を去るべきか、進退にも悩んでいました。自分が至らなかったことも含めて、正直にお話をしました。

稲盛さんはこのとき、ずっと私の顔を見られていました。これは後に他の役員から聞いてわかったことでしたが、こんなふうに言われていたそうです。

「航空事業はわからんが、話をしている人間の覚悟を見てるんや。ちょっとでも怪しげな様子があったらダメや。こいつは本気でやろうとしているか、気持ちを見てるんや」

ただ、当初はそんなことはわかりませんから、目の奥に鋭い光を放っていて、怖い人だなぁと思いました。稲盛さんは面談の最後、こうおっしゃいました。

「残るも地獄、辞めるも地獄や。どうせなら、一緒にやらんか」

会社に残って頑張ろうという決意が生まれたの

は、このときでした。その後、新しい執行役員の一人に任命していただきました。

　それから3年間、一緒に仕事をさせていただく中で、稲盛和夫という人間の大きさ、哲学、生き方に大いに感銘を受けました。それは、私の心の中のどこかで求めているものだったのだと感じたからです。

　しかし、それまでは会社の中ではなかなかそれを実現できなかった。自分の無力さや無念さを感じていた私にとっては、まさに運命の出会いでした。

　破綻前もそれぞれの部門で、頑張っていた社員も多くいました。でも、全社のベクトルが合わなかった。自分の思いを伝えたくても、なかなか社内に伝わらない。ときには本当にこれでいいのか、というような経営の決断がなされていく。そんなジレンマを私も感じていました。

　私は、現場を大事にして現場の仲間たちが考えていることを実現したいと思っていましたが、なかなかその意志や考え方が経営に伝わりませんでした。

　振り返ってわかったのは、経営陣と現場の社員をつなぐ、ブリッジをかける人がいなかったことです。経営は立派な経営計画をつくる。しかし、現場では違うことが起きている。

　本来なら、これは違いますよ、この計画では無理ですよ、と誰かが言わないといけなかったのに、言う人がいなかった。現場もどうせ言ってもしょうがない、という雰囲気になってしまっていた。破綻以降の私の10年間は、とにかくその役割を果たす努力をしてきました。

　稲盛さんのリーダーシップによって、さらには社員の頑張りで、もちろんお客さま、いろいろな関係者の方々のおかげで、ＪＡＬは約3年後に再び上場することができました。

　しかし私は、私たちの努力の他に、目に見えない他力ともいうべき大きな力が応援してくれたのではないかと感じています。「純粋な思いを持って誰にも負けない努力をすると他力が応援してくれる」と稲盛さんはおっしゃっていました。

「あなた方の会社」ではなく「私たちの会社」

稲盛さんが会長に就任されて、最初に衝撃を受けたのは、就任直後、2月の最初のご挨拶でした。JAL再建には三つの大義がある、という話をされ、こう明確におっしゃいました。

「あなた方が再生するのは、自分たちのためやない。これは社会の大義として再生するんや」

これを聞いて、自分はなんとちっぽけなことで悩んでいたんだと思いました。どうせやるなら、その大義のために、自己犠牲を払って目的を果たしたい、と決意しました。

そしてもう一つ、心を動かされたのは、稲盛さんが最初から「私たちの会社」と言われたことです。君たちの会社はだらしなくて、こうなってしまった。だからオレが救ってあげに来たんだ、と言われてもおかしくない状況でした。

ところが、初日から、稲盛さんは向こう側にいるのではなかった。こっちの先頭にいて、「じゃあ、みんな行くぞ」と自ら旗を持って走り始められた。自分には責任はないのに、あたかも倒産した会社の全責任者が自分だという意識の中で立ち向かわれていたんです。

稲盛さんには、航空業界の経験はありませんでした。それは、自らおっしゃっていました。ただ、京セラ、KDDIの経営でやってきたことは、2つしかなかった、と。それが、フィロソフィとアメーバ経営でした。JALもこれでやっていく、と言われました。

そして6月に始まったのが、52人の役員を集めてのリーダー研修会でした。稲盛さんの講話が1時間、異なる部門のリーダーたちとのグループディスカッションが1時間、そしてコンパと呼ばれる意見共有する懇親会。これが、1ヵ月で17回も行われたんです。

当時は東京地方裁判所に更生計画を夏までに出

さなければならず、どの部門でも必死に作成を進めていました。そんな中で、17日間を研修にあてるという。しかも、稲盛さんのお話は経営論というより、人としての生き方のお話でした。

私たちも、もちろん頭の中ではわかっているつもりでした。しかし、具体的にやらなければいけないことが山積していて、部下が必死になって頑張っている状況でしたので、この研修の時間はもったいないのではないか、という意識が当初、みんなの中にありました。

そして毎回、哲学の話をされる。コンパの席になると、自分の過去の経験を語られる。フィロソフィや稲盛経営哲学がなぜできたのか、というざっくばらんな話もお聞きしました。

「最初はわしも技術者で、部下を動かそうとしたんやけど、みんな聞いてくれんのや。だから、書物を読んで言い当てるような言葉を見つけて、それで話を始めたんや」

哲学思想でお前たちを牛耳ってやろう、ということではありませんでした。人間・稲盛和夫がこれまでどう生きてきたのかその波瀾万丈の人生を、たっぷり語っていただきました。堅苦しく話を聞いていたという雰囲気はありませんでした。

自分たちは全然できてないじゃないか

大きな変化の手応えをまず実感したのは、リーダー教育でのグループディスカッションでした。これは昔のJALのよくないところだったと思いますが、相手の部門を気にして本部長同士で議論するような場はほとんどなかったんです。経営会議でも、自分の本部のこと、案件のことを説明し、それを決めるかどうか話し合うだけ。

もっと突っ込んで、他の本部の課題をみんなで考える、お互いがどんな人間なのか、どんな性格なのか、どういう思いで経営をしているのか、もっといい会社にするにはどうしたらいいのか、そういうことを話す場は一切ありませんでした。

だから、リーダー教育で強制的に場をつくられ、ディスカッションに加えてコンパで酒を飲みながら話せ、という設定が何度も行われているうちに、だんだん本音が出てくるようになりました。

そして、稲盛さんに人としての正しい生き方、哲学の話をされてもなぁ、という雰囲気が当初はありましたが、しかし言われてみれば、自分たちは全然できてないじゃないか、思い当たる節があるじゃないか、と気づかされていきました。

稲盛さんは、経営とは何か、についてこう言われていました。

「君らのそれぞれの担当の部門はプロフェッショナルかもしらん。でも、経営はそれを求めているんじゃなくて、君らが集まってどういういい会社にしていったらいいのか、議論するのが経営なんや。執行役は執行分野をしっかりやらんといかん。でも、それだけやない。それをやっている人間が集まって、みんなでいい会社にするにはどうしたらいいかを考える。あるいは、おたくのところで困っていることがあったら助けましょうと手を差し伸べる。そういうことをやるのが経営なんや」

そのためにも、本音で話さないといけない。真剣にやらないといけない。コンパでも、こんなことがありました。

ある役員が、会社の事情を赤裸々に説明しようとしました。きれいごとでは、ここではうまくいかない、と言ったんですね。それに対して、稲盛さんは、そんなことはないはずだ、となって。

そういう考え方でいくと絶対に間違えます、とまた役員が返答すると、稲盛さんが烈火の如く怒られたんです。絶対とはどういうことだ、と。

まわりはびっくりして、思わずとりなそうとしたんですが、そういうまわりがまた叱られて。

「ええんや。こいつは一生懸命、自分でわしに向かってきてるんやから、わしもこいつに真っ直ぐに向かっていくんや。お前らはとりなす必要はない」

熱かった。本当に真剣に、本音で向かわれるわけです。ときには、怒りのあまり、おしぼりが飛んでいったこともありました。

一方、次の日におしぼりを投げつけられた役員が落ち込んでいると、後ろから肩を叩きながら、「元気ないやないか」と声をかけられる。心遣いをされる優しいところがあった。

叱ったあとには、必ずなぜ叱ったか、という話もよくされました。叱られた翌日、会長室に呼ばれるんです。つらいし嫌だなぁと思って行くと、稲盛さんがニコニコしながら待っておられました。

会社の文化は、自分たちでしか変えられない

リーダー研修を通じて、リーダーはお互い私心なくざっくばらんに意見を交換できるようになっていきました。最も印象に残っているのは、研修の終盤、1ヵ月ほど経ったときに行われた1泊2日の合宿です。

ホテルで行われたんですが、場所をセットする事務局は稲盛さんからこう言われたそうです。

「立派なホテルでやるな。質素なホテルでやれ」

実際、畳が毛羽立っているようなホテルでした。このときにはJALの1期生の方から話を聞いたりもしました。そして車座になってコンパが始まると、合宿ですから時間制限がない。これが、盛り上がりました。

このときは管財人の方も参加されていて、自分の思いや生き方を語られ、もうみんながまるで戦友のように気持ちを高揚させることになりました。朝の4時、5時くらいまで話をずっと続けていたんです。

このとき、私は大きな一体感ができたと思いました。自分たちがこの会社を再生させていくんだから、わだかまりや過去の壁は捨てて、それぞれが覚悟を持ってお互いに信頼して進んでいこう。そんな空気が一気に強くなった。

リーダー研修後も、コンパをやろうとよく声をかけて集まるようになりました。

稲盛さんはよくこうおっしゃっていました。

「自分の会社の文化は、自分たちでしか変えられないんや。まわりの人間はサポートはしてあげられるし、支援はしてあげられるけども、最後変えようと覚悟するのは、自分たちなんや。自分たちが覚悟しない限り、会社というのは変えられないんや」

最後は、私たちが決める、ということです。後に、新しい企業理念を策定したり、ＪＡＬフィロソフィをつくったりするわけですが、稲盛さんに言われたわけではありません。助言はいただきましたが、決めたのは自分たちでした。

現場の人たちの仕事に対する情熱は破綻後も変わっていませんでした。しかし、破綻して、社会から批判を受けたり、お客さまから心ない言葉をいただいたり、みんなは下を向きながら働くようになっていました。

そんな中で、稲盛さんの三つの大義は大きかった。

また、破綻した会社が「全社員の物心両面の幸福を追求する」という言葉を企業理念に入れてもいいのかという議論があったときにも、稲盛さんはこう言われました。

「破綻した会社が新しい企業理念の冒頭に、全社員の幸福の追求を表明する。それをちょっとおかしいのではないかと考える人もいるかもしれん。しかし世間がどう言おうと、そこに働く社員の幸福を追求することで、経営者と社員が一緒になって会社をよくしていけるんや。みんなが働く目的はここにシンプルに書かれているから、みんな一生懸命頑張れるんや」

こうして、自分たちが必死になって、いい会社にするための努力をしなければ、という覚悟が社内に醸成されていきました。

特に現場の社員の反応が、最も早かったと思います。完璧なマニュアル主義ではなく、「人として正しい判断をして、お客さまに寄り添ってサービスを提供しなさい」という変化は、現場のスタッフを大きく変えていきました。一人ひとりが伸び伸びと働くようになりました。

給料はもちろん減りましたし、いろんな意味で厳しい状況にありました。しかし、むしろ、やりがいはどんどん増えていったのです。

生かされている、ということに感謝せよ

稲盛さんを迎えて、何より変わったのは、社員の意識でした。企業理念をつくったことと、40項目のＪＡＬフィロソフィをつくったことで、自分たちはどう変わっていけばいいのか、その方向もはっきりしました。

漠然と会社を変えよう、というのではなく、毎日全社員3万2000人が「こう変わろう」「やり方はこうだ」「こういうふうにしていけばいいんだ」というお手本としてフィロソフィを勉強し続けた。

そこそこまじめな社員が多い会社ですから、どうにか実現したいと取り組むことによって、知らず知らずに会社の文化が大きく変わっていったのだと思います。

そしてアメーバ経営の導入で、リーダーたちは収支意識がまったく変わりました。全本部、全グループ会社のリーダーが集まって、数値目標や業績が月次でどうなっているのかを報告する業績報告会が月に1度、行われていて、これが本当に厳しかったからです。

まず稲盛さんに言われたのは、本部長が発言するときに、後ろから事務方がサポートするようなことはするな、でした。しかし、稲盛さんからは、想定もしていない質問が飛んでくるんです。

「お前のところの水道光熱費、なんで先月より2倍に上がっとるんや？」

答えられないと、雷が落ちます。

「この数字をどうやってつくってきたんや。思いや覚悟のない数値を発表するのはリーダーとして失格だ。出ていけ！」

宣伝担当の役員が宣伝費の説明をして、全体の総額を説明しました。すると稲盛さんから問いがありました。

「その額の一つひとつの詳細を説明してみなさい」

ところが、個々の詳細を明確に説明する準備がされていませんでした。再び、雷が落ちました。

「誰の金だと思っているのか。これは社員が汗水垂らして稼いでいる金や。お前の金じゃないんや。出ていけ！」

最初の頃は、毎回、何人退場させられたかわかりません。

しかし、怒られるのはかないませんから、それからはみんな徹底して準備をしていくようになりました。それこそ私もそうでしたが、会議の前の三日間は徹夜するくらいに細かく数字をチェックし、発言を考えていく。

このときにわからないことがあれば、現場を見に行く必要があります。それで現場に行くと、なるほどこれはこうなっているのか、ここは無駄だな、と気づいたりする。廊下を歩いていても、電気がついていることが気になり出す。その意識が部下にも伝わるようになっていきました。

この収支意識は、今のＪＡＬには風土になっていると思います。ここでも漠然としたものではなく、本当に一つひとつの具体的な取り組み、仕事の仕方が身に付いていったんです。

ＪＡＬフィロソフィの中に「感謝の気持ちを持つ」があります。もちろんお客さまや周囲に感謝の気持ちを持って仕事をすることの大切さを説いているわけですが、稲盛さんから私はこう教わりました。

「自分は生かされてるんや。生かされてることに感謝すれば、どんな試練が襲ってきても、物事のとらえ方が変わる。そういう生き方をすることが大事なんや」

私は今はＪＡＬの経営を離れ、これからの人生は世の中からいただいた恩を返していく生き方をしていくつもりです。稲盛さんからいただいたものを、世の中に返していかなければいけないと思っています。その中でも、稲盛哲学の実践は難しい。日々反省を繰り返しています。
それこそ、今も月に3回くらい、稲盛さんが夢に出てくるんです。しかも、毎回、至らぬ点を怒られる（笑）。まだまだやなぁ、と。
まさに、意中人あり、ですね。まだまだ頑張らないといけません。

（2022年4月）

藤田直志　ふじた・ただし
1956年、神奈川県生まれ。国際基督教大学卒業後、'81年日本航空入社。2010年に執行役員。旅客販売統括本部長、代表取締役副社長、取締役副会長を歴任。現在は特別理事。JALフィロソフィの社内での浸透に努めた。'21年6月に公益財団法人日本体操協会会長に就任。

第13章

後進を育てる

2015年、
稲盛が出席した
横浜での盛和塾世界大会には、
約4600人が集まった。
この2年後が最後の出席となった。

得たものは秘さずに
すべて惜しまず伝える。

私というものを踏み台にして伸びていってほしい

盛和塾札幌開塾式（1992年8月26日）で行った講話で稲盛は、自身がなぜ盛和塾を始め、多くの経営者たちと接し続けているのか、その理由を明らかにした。

盛和塾を始めたのは、徒手空拳で創業した京セラがとても立派な会社になった、なぜそうなったのかという経営の真髄を聞きたい、そこから何かを得て自分たちも成長していきたい、という若い方々の願いがあったからです。そうした若い経営者の声に応え、少しでもお手伝いしてあげることが、京都で創業して会社が立派になった恩返しにもなるだろうと思ったのです。

会社をつくっていただいた昭和34年（1959年）4月1日から、私は本当に夜も寝ないぐらいに頑張って仕事をしてきました。逆に言えば、経営者になったがために、もし会社をつぶせば従業員を路頭に迷わせてしまうという恐怖感が強くなり、そこから逃れようと夜を日に継いで必死に仕事をしたことを覚えています。実は京セラという会社は創業した初年度から、10％以上利益が出ています。私はそれでも心配でたまりませんでした。

本田宗一郎氏の謦咳に接する

創業して2年目か3年目かに、経営コンサルタントの方々が運営するいろいろなセミナーの案内があり、その中に、神戸の有馬温泉で1泊か2泊して、温泉につかってリフレッシュしながら世の有名な経営者の話を聞くという経営セミナーがありました。当時のお金で確か数万円の会費だったと思います。昭和35年頃のことです。数万円という当時では高額の会費でしたので、会社をつくっていただいた宮木電機の専務だった西枝一江さんにそのチラシを持っていき、「西枝さん、どうしてもこれを聞きに行きたい」と相談しました。

その西枝さんと次のようなやりとりがありました。

「経営については私が教えてあげているじゃないの。私よりも経営をよくわかっている人は、そうはいません。わざわざ行かんでもいいですよ」

「いや、どうしても行きたいのです」

「なんでや」

「西枝さんは素晴らしい人柄の方ですし、いつも経営について教えていただいて、たいへん感謝しています。しかし、失礼ですが、宮木電機というのは京都でも決して大きな会社ではありません。私は、日本で一流と言われる会社の経営者というのはどういう人たちなのか、とにかく見てみたいのです。そしてその経営者はどういう考え方で経営にあたっているのかを知りたいのです」

「一体誰が話すんや」

西枝さんの問いに対し、私が一番に名前を挙げたのが、そのパンフレットにあった本田宗一郎さんでした。浜松の一介の自動車修理工場の経営者から身を立て、本田技研工業という素晴らしい会社をつくった。当時は本田の二輪車が世界を席巻していた頃で、四輪車への進出を表明しようとしていた時期です。

「素晴らしい経営をやっているこの方の謦咳《けいがい》に接したい、会ってみたい。そこから何かインプレッションを得るのではないだろうかと思うのです」

こう私は言ったのですが、「本田宗一郎なんかに会《お》うてみたって知れていますよ」と、西枝さんは納得されていなかった様子でした。

西枝さんはたいへん素晴らしい方でした。私が今日ありますのは西枝さんの教えを受けたからなのです。実家がお寺さんで、とても心のきれいな方でした。また、非常にロマンチストでもありました。その西枝さんに、よく皆さんにお話しする「心の大事さ」「心の美しさ」を教わったのです。本当に素晴らしい哲学を持った方でした。

その方に「わざわざ本田宗一郎に会わんでもええ」と言われたわけなのですが、私はどうしても会ってみたいと思い、そのセミナーに行きました。


有馬温泉に行ってみましたら、一番期待していた講師の本田宗一郎さんは作業服、いわゆる菜っ葉服を着たまま出てきました。そしてその第一声が、「だいたいこういう温泉につかって、浴衣を着て胡座《あぐら》をかいて話を聞こうなんて、何を考えとるんだ」というものでした。

ご自身も講師として来ているのですが、「だいたいこういうセミナーで、経営コンサルタントがやるような話を聞いて何になる。とっとと帰れ。こんな高い金を払って話を聞いて何になるんだ。僕は何も教えられやしませんよ。ここで話を聞くぐらいなら帰ってすぐ仕事をしたほうがまだましだ」という強烈なパンチを受けました。なるほど、「すごい」と感じました。

本田さんはそのときにいろいろな話をしてくれました。それをはっきりと私は覚えています。説かれる話の内容からして、確かに出色《しゅっしょく》の人だなと、そのときに思いました。

まだ若かった本田さんは豪快に次のように言われました。

「私は、うちの従業員で働きの悪いやつ、出来の悪いやつにはスパナでも何でも振り上げて投げつけたりします。私はうちの社員の何十倍もの給料をもらっていますが、人から、『お前、なんで働くのだ』と問われれば、『お金がほしいのだ』と言う。お金がほしいから人の何十倍も働く。『悔しかったら、俺と同じくらいの給料がほしかったら、俺と同じぐらい働いてみろ』と私は言っています。なんでお金がほしいのだ、と聞かれれば、遊びたいからだ。私の遊びは豪快で、毎晩のように芸者を総揚げします」

本田さんは、あえてそのように言って、従業員をモチベートしていたのだと思います。私がお世話になっている西枝さんは素晴らしい哲学、素晴らしい心の持ち主でしたが、本田さんの場合には、ある種の鬼才と言いますか、すごい才能の持ち主であると感じて、たいへん感心したことを覚えています。

私は西枝さんという素晴らしい方に毎日身近に接して、その素晴らしい人間性に触れて成長しました。また、本田さんのような一流の経営者はどんな人なのか、どんなものの考え方をする人かを知りたい、その謦咳に接したいと、大金を払って聞きに行った。それが血となり肉となって今日の私をつくっていると思うのです。

だから私は若手経営者たちから「たいへんな成功をされたのだから、我々に何か教えてください」と言われたときに、その意義について次のように答えました。

「私の話を聞いてただ感心するだけでも結構です。また、『なんだ、京セラの社長というのは偉い人だと思ったけれども、あの程度の人だったか』と思ってもらっても結構なのです」

私も本田さんに最初に会ったときには、「この人よりももっと素晴らしい生き方をすれば、会社をもっと発展させることができるかもしれない」と、実は思ったのです。ですから、盛和塾の方々にも、同じことを言っています。

私に会って、「なんだ、この程度の人か。俺ももうちょっと頑張れば、もっと努力をすればこの程度はやれそうだ」と思うならそれで結構ですし、「たいしたことないじゃないか」と思うなら、なお結構です。また、会ってみて「すごい！　私など及びもつかない」と思い、さらに研鑽を重ね、勉強し、努力をされても結構です。「日本の経営者の中でこいつが一流か。この程度が一流なら俺も一流の端くれにはなれそうだ」と思っても結構ですし、いずれにしても結構です。まずは、直に接するということが大事なのです。

魂の研鑽をする「善の輪」を広げていく

私は、格段に自分よりも優れた人と付き合うことが大事だと思います。将棋でも碁でも、格段に強い人は弱い人を相手にしてくれないのですが、本当はそういう格段に強い人と付き合わなければいけないのです。

小学校の頃でもそうですが、自分より出来の悪い同級生や下級生と付き合っている人は進歩しません。ガキの頃から5つも6つも違う上級生や、年上の連中と付き合う人は大きく伸びていくのです。

ところが、下と付き合っても面白くありませんから、段違いに上の人は、下が付き合いたいと思ってもなかなか付き合ってくれないのです。みんなお互いに自分より上の人と付き合いたいと思っている。それが「学び」であり、「研鑽」だからです。偉い人は偉い人で、自分よりもさらに偉い人と付き合おうとします。

だから、下の者はどうしてもドングリの背比べみたいな連中と付き合うことになる。それでは研鑽になりませんし、勉強になりません。どちらかというと、お互いにその程度ですから天狗になるぐらいがオチです。

ですから私は、塾生の研鑽になるように、この盛和塾に出てきているのです。中には年が若くても優秀な人がおられて、「なんだ、京セラの会長ってこの程度か」と思う人がいればなお結構です。その人は私よりもはるかに伸びるでしょう。また、「すごいな」と思う人は私からどんどん吸収して、私を追い越していくでしょう。

つまり、私というものを踏み台にして伸びていってほしいのです。私から吸収する人は吸収していく、またすでに私より優れている人は、さらに伸びていく。そうしていただければいいなと思って、京都で盛和塾を始めたわけです。始めてみますと、皆さんたいへん熱心で、本当によく例会に出席されます。

あるとき、勉強会の後に車座になって酒を飲んでいました。すると、いつもおとなしくてあまり目立たない方が「塾長、たいへんありがとうございます。塾長にこうしてお会いして約7年になりますが、たいへん感謝しています」と言うのです。「どういうことですか」と聞くと、次のようにしみじみと言われました。

「私は塾長と出会うまでの間、20年ほど自分で経営をやってきました。その間、売り上げは7億〜8億円、従業員が20人ぐらいでした。会社をつくってから20年間でそうだったのです。ところが、塾長と出会って7年にしかなっていませんが、その間に売り上げは50億円になり、従業員は百数十人になりました。塾長と出会う前の20年と、出会ってからの直近の7年ではどう違っているかというと、実は何にも変わっていないのです。何にも変わっていないのに、この7年間、異常な成長をした。ゆうべもしみじみと振り返ってみましたが、この成長が理解できないのです。何かが変わったのだとすれば、それは塾長とこうしてたまに会って話を聞くことによって、私自身が変わっていったのだろうと思います。私自身では変わったつもりはないのに、経営者である私が変わり、会社がすごく変わってしまった。この7年間にそこまでやれたのなら、過去の20年、自分は一体何をしていたのだろうかと疑問に感じました。一生のうちにこうした素晴らしい出会いをさせていただいて、素晴らしい会社に成長しつつあることに、今たいへん感謝しています」

そのお話を聞いて、「ああ、本当によかった」と思いました。私を踏み台にしてでもいいから、立派な経営者になり、立派な会社にしてほしいと思ってこの会を続けている中で、そういうふうに喜んでいる人が何人もおられるということを聞いて、私は本当にこの盛和塾を始めてよかったと思いました。

そしてその瞬間から、できればこの人助けをする、善きことをしてあげる「愛の輪」「善の輪」をもっと広げていきたいと感じるようになりました。

少なくとも私が塾に出てきて、塾生に接するだけでも、いい刺激になるのではないかと思っています。先ほども言いましたように、「なんだ、この程度の男か。この程度の男だったら自分にもできる」と思うだけでも、これはたいへんな勉強になるわけです。もし私から何かを得ていかれるなら、なおさら素晴らしいことです。そういう意味では、人生の中で素晴らしい出会い、また素晴らしいふれ合いができるということは、たいへんな喜びであろうと私は思っています。

人生で、何が楽しいかと言いますと、生きている間に素晴らしい友達、また素晴らしい師弟、そういう出会いができるということです。いかに立派な人間と知り合いになれるか、ということが人生で一番楽しいことだろうと思います。

よく言われますように、死ぬときには何にも持っていけません。生まれたままの姿で死ななければならない。いや、肉体すらも持っていけずに死んでいくわけです。そのときに持っていける宝は、人生でどういう出会いがあったのか、ということです。人生における出会いの場で、どういう魂の研鑽、ふれ合いが行われたか、ということこそが宝だろうと、私は思っています。つまり魂と魂がふれ合う、そして研鑽し合う、磨き合う。そういう場こそが一番素晴らしいのだろうと。ですから、あえて忙しい中を顧みず、塾に出てきているわけなのです。

利他の心と売り上げ追求は、なぜ矛盾しないのか

―インタビュー― サッカー元日本代表監督／FC今治 代表取締役会長 **岡田武史**

初めてお会いすることになったんです。そうすると、まったく違う印象を持ったんですね。

盛和塾で講話を聞いても、すごく優しい、いいおじいさんなんです。まるで好々爺です。「利他の心が大事なんだ」と何度もおっしゃっていて。同じような話を毎回されるんですが、聞いていると不思議に新たな発見があったりする。

心底、誠実さを持っておられるわけです。よく見せようとか、カッコいいことを言おうとか、そんなことはまったくなくて、本当に自分の本性みたいなものをさらけ出して、誠実に話される。だから人の心に響くんだと思いました。

ときには、心の底から怒ったりもするんです。

エゴがあっても、自我があってもいい

初めて稲盛さんにお会いしたのは、僕が2回目の日本代表監督になる前でした。京セラは京都サンガ（当時は京都パープルサンガ）のトップスポンサーですが、稲盛さんはとにかく熱が入っていて、毎試合スタンドの上のほうから「行けー！」と怒鳴っていたりしたんです（笑）。

そんな姿がサッカー界では知られていたので、盛和塾に入っている知り合いの経営者に、「稲盛さんって、どういう人なんですか」と聞いたら、「お前、一回会ってみたらどうや」と言われました。

しかも、盛和塾に入れるか、稲盛さんに聞いてくれると言います。それで僕も盛和塾に入って、

「お前はそんな経営だからダメなんだ」とみんなの前で叱る。でも、悪意のようなものがまったくないんです。すごい人だと思いました。

ただ、スタジアムに行くと熱く熱く勝利を追い求められるわけですね。ときにはロッカールームにまで押しかけて、監督を直接、叱ったりする。

また、一度、出家もされているわけですが、会社に戻ってきて最初の言葉が「なんで売り上げが落ちとるんや」だったというんです。

それで、あるときたまたま会議で同じテーブルに座らせてもらったので、稲盛さんに聞いたんです。

「稲盛さん、利他の心っておっしゃるのと、勝利を追求したり、売り上げを追求したりするのと、なんだか矛盾しているような気がするんですが」

このときの答えが、素晴らしかった。稲盛さんはこうおっしゃいました。

「岡田君な、人間なんや。エゴがあって、自我があってええんや。売り上げを上げたい、というのは当然だ。でもな、それを常に真我が上回ってないといけない。真我とは、真実の我。宇宙の法則や」

僕は、それを聞いた瞬間に、ストーンと腹に落ちたんです。なるほど、そうなのか、と。同時に「この人はすごいな」と改めて思いました。だから、あれだけ堂々と売り上げを上げろと言うし、無茶なことをすることもないのか、と。

そのときの衝撃は、今も覚えています。

ダライ・ラマ14世が同じことを言われた

私が経営するFC今治には、企業理念があります。「次世代のため、物の豊かさより心の豊かさを大切にする社会創りに貢献する」。

物の豊かさというのは、数字で表せるもの。例えば、売り上げ、利益、GDP。一方で、心の豊かさは、数字で表せない共感とか、信頼とか、そういうもの。それを大事にしたい、と。

そうすると、この理念に憧れて入社してくる社員がいるんですね。あるとき、新卒の女性が入れてほしいと言ってやってきました。教育ができないから新卒を入れるような会社じゃないんだけど、「どうしても」と言うので雇って、営業を担当してもらいました。

そうしたら2ヵ月ほどで会社に来ることができなくなってしまったんです。アパートを訪ねて、理由を聞くと、こう言うわけです。

「私は岡田さんの心の豊かさを大切にするという理念に憧れて来たのに、お金をくださいなんて言えません」

でも、私の中では理念とまったく矛盾していないわけです。会社ですから、お金をいただかないと給料を払えませんし、成長しないと昇給もできない。それはまったく矛盾していない。ただ、これは、稲盛さんに真我の話を聞いたから、はっきり言えたんです。

つまりは、企業理念に反してまで利益をあげていく必要はないということだと思っています。そういうリミットを持ちながら、利益を追求していきなさい、ということなんだと理解しています。

環境問題も同じでした。僕は40年くらい取り組みをやっていますけど、環境をよくするための最善の方法は、人間がいなくなることなんですよ。それが、最も地球環境にいい。そもそも矛盾からスタートしているわけです。

自我をなくせ、ということではないんです。どうリミットを効かせていくか、ということなんです。それを稲盛さんに教わった。だから、僕は堂々と売り上げをあげようと言います。企業理念に逆らっているようで、逆らっていないんですよ。

この自我と真我の話を聞いて感動した1週間後くらいに、ちょうどダライ・ラマ14世にお会いする機会があったんです。「サッカーの監督です」と言ったら、キョトンとされていましたけど。

このとき僕は、せっかくの機会なので、ちょっと意地悪な質問をしたんです。

「チベットでは仲間が迫害されているわけですが、ダライ・ラマさんはお坊さんだから、やっぱり怒りや憎しみとかはないんですよね」

そうすると、ダライ・ラマ14世がこうおっしゃいました。

「いや、私も人間です。怒りや憎しみが湧いてくることもある。しかし、私はそれをコントロールできます」

まさにこれも自我と真我だ、と思いました。稲盛さんがおっしゃっていたことと、同じことを言われたわけです。なんとも、すごいタイミングでした。

より高いところに行くために落ちている

稲盛さんもそうですし、トヨタ自動車の豊《とよ》田章《だしょう》一郎《いちろう》さんもそうですが、お話をしていると、やっぱり「据わり」を感じるんですね。

倒産・投獄・闘病・戦争を経験した経営者は、腹の据わった決断をする、とよく言われますが、やっぱり並大抵のところをくぐってきていない。稲盛さんの若い頃の苦労話を聞いても、やはりそういう経験をしていると、腹が据わりますよね。

僕も初めて日本代表監督に就任したときには、脅迫状や脅迫電話が来て、厳しい経験をしました。家の前にパトカーが停まって守ってくれていて。でも、あのどん底みたいな経験をしたところから、やっぱり自分が変わり始めたんです。

そういう経験を稲盛さんは相当してこられたんだと思う。だから、前に座った瞬間に、なんかとんでもないところを通ってきた人なんだろうな、と感じてしまうわけです。

盛和塾でも、よく昔の話をされていたのは、二世経営者が多かったからでしょう。親父は泥の中を駆けずり回って会社をなんとかしたけど、二代目というのが大変なんだ、と。苦労していないんだから、それを自覚しろ、絶対に忘れちゃいけない、と。

ＪＡＬの会長時代には、「ＪＡＬの立て直しのために、岡田君は研修ビデオに出なさい」と言われて出たことがあります。

どん底まで行くことの大切さを、僕も知っていました。そもそも成長というのは、そんなに簡単にいかないんです。波を打って上がっていくわけです。ところが落ちたときに、みんな昔を振り返ってしまう。前はこうだった、と。

違うんです。なんのために落ちているのかというと、より高いところに行くために落ちているんです。

だいたいサッカー選手は底へ行くと、前にできたことができなくなったと言う。どんな選手もそうなんです。でも、今こそジャンプするときなんだ、と僕は言っていました。一回しゃがみこんでジャンプできるように、より高いところに行くために底に落ちているんだ、と。

だから、落ちたときこそ、もっと高みを見なきゃいけないんです。より高い目標を見ないといけない。それこそ、JALなんて、破綻して落ちるところまで落ちたわけですから、あとは上がるだけでしょう、と語っていました。

実は、稲盛さんからは、京都パープルサンガの監督やクラブチームの社長にお声がけをいただいたこともあったんです。でも、僕はお断りをしてしまった。ぶつかることがわかっていたからです。お伝えするときには、めちゃめちゃビビりましたけど（笑）。

それでFC今治をやることになったとき、盛和塾に入ることを勧めてくれた知り合いが、「稲盛さんに一言、伝えておいたほうがよくないか」と言ってくれて。彼にお願いして、盛和塾の例会の前に控え室で場をセッティングしてもらいました。

これは怒られるかもしれない、と思いつつ、勇気を振り絞って伝えました。

「稲盛さんのオファーは断ったんですが、今回、FC今治を経営することになりました」

四国リーグから始める。日本人の選手は主体的にプレーすることが苦手なので、自立した選手をつくりたい。こういうことを必死になって説明しました。
そうすると稲盛さんは、
「岡田君、いいじゃないか、素晴らしいじゃないか。盛和塾みんなでこれを応援しよう」
と言ってくださったんです。

経営を知らないから、理念に沿って経営をした

ただ、実際に経営をやってみると、それはもう大変でした。日本代表の監督も大変なプレッシャーがありますけど、重い荷物を担いでいるようなものなんです。それに耐えていればいいし、いざというときには「冗談じゃない、オレは辞める」が言える。

ところが、経営のプレッシャーというのは、じわじわ来るプレッシャーなんです。「3ヵ月先、給料払えないかもしれない」みたいな。僕は「来るならはよ来い、どんと来い」というタイプで、「もう、どうしよう」とじわじわと真綿で首を締められるようなのは苦手なわけです。

しかも、僕についてきた社員、その家族の生活も担っていると思うと、辞めることはできないんです。これはもう全然違うものだな、と思いました。経営って、こんな大変なんだ、と初めて気がついたんです。

僕は監督をやっているときによく経営者のセミナーで講演していたんですが、全然違うとわかりました。僕の言うことなんか、よく経営者の人は聞いていたな、と反省しました（笑）。

一方で稲盛さんがおっしゃっていた、理念・ビジョン・ミッションの重要性も知りました。ここまで重要だとは最初は思っていなかった。

実はなかなか企業理念が浮かばなくて、記者会見が3日後くらいに迫ってきて、環境問題を長くやってきたし、これはもう自分の考えにしよう、と思って「次世代のため、物の豊かさより心の豊かさを大切にする社会創りに貢献する」という理念をつくったんです。

サッカークラブの理念がこれですか、と最初は言われました。たしかになぁ、と思ったんですが、その本質がだんだんわかり始めるわけです。僕は経営を知らないから、理念に沿って経営をしたからです。

例えば1年目、練習でグループ分けするゼッケンをつくりました。今治はタオルの町ですから、タオルでつくった。ところが、タオルは裏がパイルになっていて、印刷がのらないんです。ゼッケンでスポンサーをとっていたのに、裏返すとスポンサー名が出ない。

つくるのに100万円ほどかかっていました。1年目の100万円って、すごい金額なんです。だから、社員はこう言うわけです。

「岡田さん、表にはスポンサー名が入りますし、みんながいつも見ているわけじゃないから、いいじゃないですか。これでいきましょうよ」

でも、ちょっと待て、と僕は思ったわけです。理念に照らし合わせたら、それでいいのか。一度でもスポンサーが見て「あれ?」と思われたら、信頼をなくしてしまう。

理念は、目の前の100万円より、信頼を大事にすると言っているんじゃないか、と。それでつくり直したんです。

野外体験教育で遺伝子にスイッチを入れる

また、育成のコーチから電話がかかってきて、明日からの東京遠征に行けない子が出てきた、と言うんです。母子家庭で自己負担のお金が出せない、と。これはうちの企業理念としておかしくないですか、と言うので、そうだなぁ、と思いました。

このときは僕が足長おじさんで出しましたけど、以後、FC今治では母子家庭、父子家庭は全員無料で遠征に行ける給付型の基金をつくりました。

まわりのベテラン経営者からは、「お前、そんな甘い経営したらつぶれるぞ。もっと数字に厳しくなんなきゃいけない」と言われました。でも、コロナ禍になって、Jリーグのチームの6割が赤字で、そのうちの3分の1が債務超過に陥る中、ＦＣ今治は大きな黒字を出したんです。

それは、ＦＣ今治ではパートナーと呼んでいるスポンサーが、ほとんど降りられなかったからです。いろんな理由はありますが、大きいのは、やっぱり理念を大事にした経営にこだわってきたからだと思っています。

営業日報を読むと、僕は涙が出てくるんです。「うちも苦しいけど、お前らも頑張っとるから続ける」と皆さん言ってくださって。僕ら、間違ってなかったかもしれない、と社員と話をしました。

まさに企業理念の力ですよね。社員も、この企業理念に憧れて集まってきてくれる。多様な人材が来てくれましたが、みんな共通していることがある。それは、この企業理念を大事にしよう、なんです。

だから会社としてエンゲージメントを測ったりすると、ＦＣ今治はものすごく高いんです。いろんな変わった社員がいるけど、そこだけはみんな一致してる。ああ、こういうことを稲盛さんはおっしゃっていたんだな、というのは改めて感じました。

一方で、厳しさもないとダメですね。稲盛さん、厳しいですから。お会いすると、怒鳴られるんじゃないかと今でも緊張しますからね（笑）。

筑波大学名誉教授の村上和雄《むらかみかずお》先生が「遺伝子にスイッチが入る」という話を本に書かれているんですが、我々は氷河期の飢餓を生き延びた強い遺伝子を持っているんです。

ところが、便利で安全、快適な社会にいると、遺伝子にスイッチが入らない。どん底になったり、強烈な感動をしたときにスイッチが入る。だから昔は、若いうちの苦労は、買ってでもしろ、と言われたわけです。スイッチを入れるためです。

会社でも、いろんな苦労を与えたり、ちょっと難しい仕事を任せたりしていたわけですが、今はそれが下手するとパワハラになりかねない。だから、大変な時代ですよ。

そこで僕がやっているのが、野外体験教育なんです。９泊10日無人島体験とか、20泊21日海遍路山遍路３２０キロとか。とんでもなく過酷なトライをする。自然がやると、パワハラになりませんから。

その中でどうやって困難を乗り越えて、仲間と力を合わせて、ケンカも意見の食い違いも乗り越えていくか。そうやって、遺伝子にスイッチを入れていく。今の社会に普通に暮らしていたら、そのチャンスはありませんからね。

日本の会社の課題と日本サッカーの課題は同じ

盛和塾もそうですし、稲盛さんの本を読んだり、講演を聞いている中で学んで、なるほどと思ったことは、本当にたくさんあります。

例えば、アメーバ経営をそのまま取り入れているわけではありませんが、各部署が自分たちの仕事がどれくらいのプラスマイナスを出しているのかは、見える化して、意識づけをしたいと思っています。

会社全体でなんぼ赤字なくそうとか言ったってピンとこないけど、「お前のとこでこの赤字これだけなくせ」と言われると、「お、じゃあ、ちょっと電気、気をつけようか」ということにもなる。変わってくると言われています。

アメーバ経営って、要するに自分たちで主体性を持て、という意味だと思うんです。一人ひとりがその気にならないと絶対に会社も組織もうまくいかない。稲盛さんは、そう考えておられる。根源的なところで、もう大アグリーですよ。

日本のサッカーの課題もそうなんです。Ｊリーグができて30年になるけど、当初、外国人の監督が驚いたんですね。どうして日本人の選手は「ここでどうしたらいいですか？」と聞くんだ、と。それを自分で考えるのがサッカーだ、と言われたんです。

僕らはそれまで、「ここでボールを持ったらこうしろ」というハウツーを教えていた。以来、そうじゃなくて自由を与え出したんですね。それで16歳くらいから戦術という対応策を教えるようになった。こうして、日本人もだいぶ主体的にプレーするようになった。

それはそれなりにちょっとよくなったけど、もう何年前かな、日本代表がベネズエラと大阪で試合をしたときに前半に4点ぶちこまれたことがあって。ハーフタイムに戻っていく選手みんなの目が泳いでいるんです。

どうしたらいいのか、誰も言い合いも話し合いもしない。ああ、まだ本質的には何も変わってないと思いました。でも、例えば監督やコーチの言うことを聞いていても生き残れるとは限らないブラジルの選手は、そうじゃないんですよ。その場で議論を始める。

それでどうしたらいいだろうと考えたとき、自由を与えるだけじゃなくて、原則を16歳ぐらいまでに教えて、あとは自由にする。これまでと逆の方法をしたら、主体的にプレーする選手が、最終的に出るんじゃないかと思ったんです。僕は、それを実践するために今治に来たんです。今、ちょっとずつ「岡田メソッド」のエビデンスが出てきています。

会社も、一人ひとりが社長と同じくらいの主体的な考え方を持ってもらえれば強くなれるけど、それをどうやって持たせるか。それには、本当に微妙なバランスを経営者は見なきゃいけないんですね。

でも、稲盛さんはおそらくここが天才だったんじゃないかと思うんです。ものすごい厳しいことを言うんだけど、そのあとうまくコンパでフォローしたり。いろんなところで、さじ加減が絶妙だったんじゃないかと。だから原則と自主性が両立して、会社が成長した。やっぱり天才だったんですよ。

まだまだ、学ばせてもらわないといけない。そう思っています。

（2022年3月）

岡田武史　おかだ・たけし

1956年、大阪府生まれ。大阪府立天王寺高等学校、早稲田大学でサッカー部に所属。同大学卒業後、古河電気工業に入社しサッカー日本代表に選出。引退後は、クラブサッカーチームコーチを務め、'97年に日本代表監督となり初のW杯本選出場を実現。その後、Jリーグでのチーム監督を経て、2007年から再び日本代表監督を務め、'10年のW杯南アフリカ大会でチームをベスト16に導く。中国・杭州緑城の監督を経て、'14年四国リーグFC今治のオーナーに就任。日本サッカー界の「育成改革」、そして「地方創生」に情熱を注いでいる。

ブックデザイン　鈴木成一デザイン室
写真提供　京セラ株式会社
公益財団法人稲盛財団（P218～219）
日本航空株式会社（P262～263）
撮影　神崎順一（P286～287）

稲盛和夫 Kazuo Inamori

１９３２年、鹿児島市に生まれる。１９５５年、鹿児島大学工学部を卒業後、京都の碍子メーカーである松風工業に就職。１９５９年４月、知人より出資を得て、資本金３００万円で京都セラミック株式会社（現京セラ）を設立。代表取締役社長、代表取締役会長を経て、１９９７年から取締役名誉会長（２００５年からは名誉会長）を務めた。また１９８４年、電気通信事業の自由化に即応して、第二電電企画株式会社を設立。代表取締役会長に就任。２０００年10月、ＤＤＩ（第二電電）、ＫＤＤ、ＩＤＯの合併によりＫＤＤＩ株式会社を設立し、取締役名誉会長に就任。２００１年６月より最高顧問となる。２０１０年２月には、政府の要請を受け日本航空（ＪＡＬ、現日本航空株式会社）会長に就任。代表取締役会長を経て、２０１２年２月より取締役名誉会長（２０１３年からは名誉会長）、２０１５年４月に名誉顧問となる。一方、ボランティアで、全１０４塾（国内56塾、海外48塾）、１万４９３８人の経営者が集まる経営塾「盛和塾」の塾長として、経営者の育成に心血を注いだ（１９８３年から２０１９年末まで）。また、１９８４年には私財を投じ稲盛財団を設立し、理事長（２０１９年６月からは「創立者」）に就任。同時に、人類社会の進歩発展に功績のあった人々を顕彰する国際賞「京都賞」を創設した。２０２２年８月、90歳でその生涯を閉じる。

熱《あつ》くなれ　稲盛和夫《いなもりかずお》　魂《たましい》の瞬間《しゅんかん》

二〇二三年三月二八日　第一刷発行
二〇二三年四月二一日　第二刷発行

編著　稲盛《いなもり》ライブラリー＋講談社《こうだんしゃ》「稲盛和夫《いなもりかずお》プロジェクト」共同《きょうどう》チーム

編集協力　粕谷昌志
嶋路久美子・井上友和・鬼頭今日子・野間桂子（稲盛ライブラリー）

インタビュー　上阪徹

企画・編集　松崎育子（講談社）

発行者　鈴木章一

発行所　株式会社 講談社
東京都文京区音羽二-一二-二一　郵便番号一一二-八〇〇一
電話　編集　〇三-五三九五-三八一四
　　　販売　〇三-五三九五-三六〇六
　　　業務　〇三-五三九五-三六一五

印刷所　大日本印刷株式会社

製本所　株式会社国宝社

© KYOCERA Corporation 2023, Printed in Japan　ISBN978-4-06-529539-7

KODANSHA